España amenazada

PENÍNSULA ATALAYA

Luis de Guindos

España amenazada

De cómo evitamos el rescate y la economía recuperó el crecimiento

Con la colaboración de Concha Martín del Pozo

ediciones península

Primera edición: septiembre de 2016
Segunda edición: septiembre de 2016

Ediciones Península,
Av. Diagonal 662-664
08034 Barcelona
edicionespeninsula@planeta.es
www.edicionespeninsula.com

ÀTONA VÍCTOR IGUAL S. L. - fotocomposición
CAYFOSA - impresión
DEPÓSITO LEGAL: B-14.706-2016
ISBN: 978-84-9942-537-5

ÍNDICE

Prólogo

UNA ESPAÑA MEJOR

por Mariano Rajoy Brey

El año 2012 quedará en la memoria de los españoles como uno de los peores de nuestra historia reciente. Decenas de miles de personas perdieron su empleo, miles de negocios echaron el cierre, no había crédito ni para las empresas ni para las familias y parte del sistema bancario estuvo a punto de sufrir un colapso. La sucesión de malas noticias era una letanía profundamente descorazonadora para el conjunto de la sociedad española. También para quienes entonces acabábamos de llegar al Gobierno de España.

Cada mañana, las radios desgranaban la escalada de nuestra prima de riesgo, cada mes las estadísticas del desempleo eran más y más desoladoras, cada trimestre la Encuesta de Población Activa certificaba la situación agónica de nuestra economía. España estaba al borde del abismo y parecía que nada ni nadie podía evitarlo.

En Europa, las cosas tampoco estaban mucho mejor. El euro, entre los proyectos políticos más importantes del último siglo, parecía a punto de saltar por los aires a causa de los profundos desequilibrios entre las distintas economías europeas. Huelga recordar ahora todos los sesudos y muy fundados análisis que se escribieron entonces acerca de la imposibilidad de seguir adelante con la moneda única. Una vez más se volvió a hablar entonces de la Europa de las dos velocidades: los insolidarios del norte y los rezagados del sur de Europa.

Los viejos prejuicios que aparentemente habíamos conjurado con nuestra entrada en la moneda única emergieron de nuevo con fuerza. El milagro español de los noventa y de los primeros años del siglo XXI se presentaba entonces como un engañoso espejismo incapaz de cambiar esa especie de designio fatalista de nuestra historia. En definitiva, 2012 fue el año en el que España estuvo amenazada, a punto de quebrar; un riesgo cierto que se hubiera llevado por delante la imagen de nuestro país, pero también el bienestar conquistado para el conjunto de los españoles durante estas últimas décadas de vida en democracia.

Pero España no quebró, ni el euro se rompió. Hoy, con todos los problemas que aún arrastramos, España crece al mayor ritmo entre los grandes países de Europa, crea empleo con intensidad, hemos ganado competitividad y nos hemos convertido en una economía inequívocamente exportadora, capaz de mantener durante varios años un superávit exterior, algo inédito en nuestra historia reciente. Tampoco el euro se ha roto; por el contrario, se ha visto reforzado con medidas de integración económica como la Unión Bancaria y con una gestión del Banco Central Europeo más ambiciosa, en línea con la Reserva Federal americana o el Banco de Inglaterra. Estamos, por tanto, mejor que entonces.

Aquel funesto 2012 hoy nos parece muy lejano; tan remoto que acaso pudiéramos albergar la tentación de echarlo pronto en el olvido. De hecho, la memoria siempre es indulgente: tendemos a olvidar los malos momentos y recordar preferentemente las circunstancias amables. Hoy nos resulta mucho más grato olvidar los sobresaltos diarios, la amenaza del rescate, las duras negociaciones con Europa, los sustos de las agencias internacionales, las protestas callejeras o la incomprensión de tantos.

Sin embargo, olvidar sería tanto como menospreciar el coraje y la determinación con la que los españoles se afanaron por enderezar el rumbo del país; tanto como ignorar el esfuerzo y la responsabilidad, los millones de grandes y pequeños sacrificios anónimos, las infinitas historias de superación y de solidaridad que nos han permitido llegar hasta este momento. Olvidar no sería justo para con esos españoles que supieron apretar los dientes y hacer lo que había que hacer; aunque no fuera fácil, ni amable, ni reconocido. Olvidar conllevaría también el riesgo de sentar las bases para repetir más pronto que tarde los desequilibrios que nos llevaron a la peor crisis de nuestra historia reciente.

Con este libro, Luis de Guindos nos recuerda puntualmente todo lo que ocurrió en aquel año 2012, las razones de nuestros males de entonces y los remedios que pusimos en práctica para parar la sangría y dar la vuelta a la situación.

El lector que se sumerja en estas páginas encontrará en ellas el relato pormenorizado de un profundo plan de reformas que tal vez entonces no era percibido con claridad, pero que hoy, con la distancia del tiempo y el aval de los resultados, sí se muestra con toda rotundidad como lo que España necesitaba entonces para salir del agujero. Un plan que nacía de un diagnóstico certero de nuestros males, de un catálogo de reformas estructurales necesarias y urgentes y de la confianza en la capacidad de los españoles para sobreponerse a las dificultades. El mérito del Gobierno fue señalar los problemas y proponer las soluciones adecuadas. El resto del trabajo lo hizo la sociedad española con su energía y su responsabilidad.

La primera decisión afectaba a la estructura misma del Gobierno. Era tal la naturaleza del desafío, tal la exigencia de coordinación entre las distintas áreas, que se hizo preciso innovar. Por primera vez, se renunció a la vicepresidencia económica que habían tenido todos los gobiernos anteriores; tuvimos no una vicepresidencia sino una presidencia económica. Fue la Presidencia del Gobierno quien asumió directamente la gestión económica a través de la Comisión Delegada de Asuntos Económicos. Yo presidí todas aquellas reuniones semanales de las que, después de un debate leal y muchas veces intenso, salieron instrumentos tan eficaces como el plan de pago a proveedores o el fondo de liquidez autonómica, la reforma laboral, la reforma energética, la reforma fiscal o los compromisos enviados a Bruselas.

Afrontábamos así lo más urgente: empezar a poner en orden nuestras cuentas y negociar en Europa un margen de flexibilidad para cumplir nuestros compromisos, pero había muchas otras tareas que tampoco podían esperar. Me refiero a la reestructuración y saneamiento del sistema financiero, que se mostraba incapaz de cumplir su función; a la reforma de nuestro mercado de trabajo, cuyos ajustes se contaban por millones de despedidos; a la lucha contra la morosidad, que asfixiaba a las pequeñas empresas; a la reforma energética que debía taponar un déficit creciente que estaba a punto de provocar la quiebra del sistema; a la reforma de la Administración; la Ley de Unidad de Mercado; las medidas de liberalización y fomento del comercio, y tantas otras que han servido para transformar nuestra economía.

Se hizo todo ello sin dejar de atender a los ejes fundamentales de nuestro sistema de protección social: el gasto en pensiones se ha incrementado en 17.000 millones durante esta legislatura y el gasto social supera hoy con creces la mitad del presupuesto, el 53,5%. También se han podido mantener los niveles de gasto en servicios esenciales como Sanidad y Educación; incluso con una programación inteligente hemos podido concluir algunas infraestructuras básicas para nuestro país.

Todo eso supone la otra cara tantas veces ignorada de la eficacia en la gestión económica, me refiero a la seguridad para las personas más vulnerables. Cuadrar las cuentas y crear empleo es lo único que garantiza el futuro de nuestro sistema de bienestar. Solo una buena política económica, capaz de generar recursos suficientes, permite pagar las pensiones, los subsidios de desempleo, las rentas de inserción, las becas o la atención sanitaria.

También por eso, por lo que estaba en riesgo en nuestro sistema de protección social, 2012 fue un año decisivo para tantos españoles. La quiebra del país o la materialización del rescate soberano, que con tanto ahínco defendieron algunos, hubiera dado al traste con nuestro sistema de bienestar. Al sortear la amenaza del rescate también eludimos el riesgo de vernos obligados a recortar las pensiones, despedir a funcionarios, tener que subir el IVA en sectores básicos para nuestro sistema productivo como el turismo o reducir los subsidios por desempleo.

Esa es la historia que faltaba por escribir de lo que nos jugamos en aquel año, la historia de cómo evitamos el rescate y la economía recuperó el crecimiento. Algo que para los españoles no pasó de una seria amenaza, mientras que en otros países todavía hoy es una durísima realidad.

Hoy podemos leer este libro sobre aquel terrible año 2012 desde la tranquilidad que nos brinda nuestra situación actual pero en ningún caso desde la complacencia, ya que son muchas las cosas que aún quedan por hacer para darnos por satisfechos.

Es cierto que nuestra economía creció en 2015 un 3,2 %, el doble de la media de la Zona Euro. Es cierto que se crearon más de medio millón de nuevos empleos y que el paro registró un descenso histórico de 678.000 personas. Es cierto que disfrutamos de un crecimiento económico sano y dinámico con un potente sector exterior que nos ha permitido registrar un superávit exterior de más de 20.000 millones de euros; es cierto que la moderación de los precios nos permite ganar competitividad y poder adquisitivo.

Pero también es verdad que demasiados españoles siguen buscando un empleo sin conseguirlo, que todavía mantenemos tasas inasumibles de abandono y fracaso escolar, que nuestras empresas aún son demasiado pequeñas y necesitan ganar tamaño para ser más estables. También es cierto que nuestro sistema de formación no está suficientemente conectado con las necesidades del mercado laboral, que el sector industrial carece del peso deseable en el conjunto de nuestra economía y que la recuperación, para muchos españoles, no pasa de ser todavía una aspiración pendiente de hacerse realidad en el día a día de sus vidas.

Si bien no podemos decir que haya motivo para la complacencia ni para la pereza, sí lo hay para afirmar que hemos sabido dar con la fórmula correcta para mejorar nuestra economía: la fórmula de la apertura, las reformas y la ambición. Una fórmula que, si conseguimos seguir aplicándola con la misma fe que durante estos años, nos llevará en un futuro no muy lejano a la cifra de 20 millones de españoles trabajando.

Agradezco al autor de este libro, Luis de Guindos, como al resto de sus compañeros en el Gobierno, el coraje que demostraron en aquellos momentos tan duros. Cada uno de ellos, en sus distintas responsabilidades, ofreció lo mejor de sí mismo al servicio de su país. Ni ellos ni sus colaboradores se permitieron jamás la tentación del desánimo. Siempre fueron capaces de hacer frente con determinación y energía a retos que parecían insuperables. Cuando las cosas se ponían imposibles y el camino parecía definitivamente cegado por las dificultades, ellos eran capaces de hallar un resquicio, una idea innovadora, una fórmula para seguir avanzando. Siempre encontré en ellos comprensión, apoyo y ayuda, algo por lo que siempre les estaré agradecido. Más allá de mi sincero y profundo agradecimiento personal, sé que a todos ellos les queda el íntimo y legítimo orgullo de saber que la España de hoy es mucho mejor que la España que recibimos en 2011. Y esa es una razón que compensa con creces todos los sinsabores de aquel funesto 2012.

I

LA COINCIDENCIA DE LAS TRES CRISIS

España se enfrenta por primera vez y de forma simultánea a las crisis económica, financiera y fiscal

En noviembre de 2011, un mes antes de las elecciones, pidió verme el jefe de la misión para España del Fondo Monetario Internacional (FMI), James Daniel. Formaba parte de las entrevistas preparatorias del informe anual sobre la economía española. El FMI habla con instituciones, organizaciones, empresarios..., lo que podríamos calificar de «fuerzas vivas», y luego hace sus previsiones. A veces acierta, otras veces, no.

Por aquel entonces, yo veía un poco los toros desde la barrera. Daba clases en el Instituto de Empresa, y tenía de vecinos de despacho a José Fidalgo, exdirigente de CC.OO., y al economista Fernando Fernández. Escribía un artículo semanal en el suplemento Mercados del periódico *El Mundo*, donde compartía páginas con el exministro socialista Jordi Sevilla. Alguna conferencia, libros y tenis..., en fin, una vida bastante apacible y entretenida, sobre todo si se compara con lo que vino después.

Ya por entonces sonaba mi nombre como ministrable y por eso quizá el acercamiento del FMI. Hablaba con ellos como experto economista, pero las encuestas daban un cambio en España en favor del PP, lo que me hizo volver a despertar cierto interés público. Desde que dejé en 2004 el Gobierno de José María Aznar como secretario de Estado de Economía, me había dedicado al sector privado, sobre todo a la docencia en los últimos años. Nada de política. Pero ahora se abría otra etapa.

Si a alguien podíamos considerar el paradigma de «hombre de negro», este era James Daniel. Mi equipo en el Ministerio de Economía testifica las tensas discusiones para conseguir modificar unas décimas arriba las previsiones de crecimiento para España durante prácticamente toda la X Legislatura. Por eso ahora, a cinco años vista, lo primero que me viene a la memoria de aquellos tiempos es la reunión en mi despacho de la calle Serrano, en Madrid, con Daniel y la representante española en el FMI en aquel momento, Carmen Balsa.

Les dije que el déficit público no iba a ser el 6 % como aseguraba la entonces vicepresidenta y ministra de Economía, Elena Salgado; que iba a ser bastante superior. Que al sector financiero le faltaban unas decenas de miles de millones de euros en provisiones y que esto había que corregirlo con urgencia. Que sufríamos una fuerte pérdida de competitividad. Que la economía española estaba ya en recesión... Me llamó pesimista. En honor a la verdad, he de decir que en la primera reunión con mi equipo (Fernando Jiménez Latorre, Íñigo Fernández de Mesa, Rosa María Sánchez-Yebra y Miguel Temboury) ya con el nuevo Gobierno, Daniel me dio la razón aunque a toro pasado.

No era para menos. La tormenta que se cernía sobre nuestras cabezas, elevada a categoría de ciclogénesis, se había formado con la combinación de casi todos los males posibles en el ámbito económico. Las tres crisis —fiscal, financiera y económica— se habían puesto de acuerdo para presentarse a la vez como producto de una burbuja inmobiliaria y de crédito, más la pérdida de competitividad derivada de una política económica dramáticamente errónea.

Era la primera vez en nuestra historia económica moderna que los tres pilares se tambaleaban a la vez. En democracia habíamos vivido la crisis del petróleo, la crisis financiera o la crisis fiscal, pero por separado y con la peseta como moneda «autónoma». Se podían utilizar distintos resortes y muy especialmente la devaluación. Pero dentro del euro, no hay posibilidad de atajos, al tiempo que aumenta el umbral del dolor. Con estos mimbres nos enfrentamos nada más llegar a una gravísima y profunda recesión que se prolongó durante seis trimestres más y a una crisis que, a día de hoy, aún no está superada del todo. En realidad, la economía española apenas había conseguido levantar cabeza desde el tercer trimestre de 2008.

Las señales de alarma sonaron cuatro años antes en Estados Unidos cuando en pleno mes de agosto de 2007 estalló la crisis de las hipotecas *subprime*. La globalización mostró entonces su enorme capacidad de contagio cuando, simplificando, el impago de un préstamo para vivienda en Oklahoma repercutió en la solvencia de un banco en el otro extremo del mundo. El sector financiero vivió un efecto dominó, empezaron a caer grandes entidades emblemáticas, y el pánico hizo que los mercados se secaran, especialmente en Europa. Nadie prestaba a nadie. Nadie se fiaba de nadie.

La negación de la crisis

Todo lo que estaba sucediendo en aquel verano era nuevo para muchos en España. Muy pocos habíamos oído hablar de hipotecas *subprime* y, en principio, en España existía cierta sensación de que aquí las cosas se estaban haciendo bien o mejor dicho, no se habían hecho tan mal. La negación de la crisis fue una constante en el anterior Gobierno socialista. Recuerdo que en aquel verano de 2007 estaba en Chipre de vacaciones. Me inquieté con lo que suponía que podía ser el comienzo de una crisis financiera a escala planetaria, con repercusiones en la deuda pública y con el efecto de un frenazo económico y aumento del desempleo. Estados Unidos y Europa como focos del incendio.

Llamé a Rodrigo Rato, por aquel entonces director gerente del Fondo Monetario Internacional (FMI). Le dije, «Rodrigo, esto no me gusta nada». Él no parecía tan preocupado. Me dijo que los servicios de análisis del FMI, sus asesores, no eran alarmistas. Rato no es economista, ha sido sobre todo un político. Comprendí que se fiara completamente de su equipo, aunque la verdad es que no me quedé muy tranquilo después de la conversación.

No puede decirse que el FMI haya salido fortalecido como institución y ante la opinión pública por su gestión en la crisis. Un informe de la Oficina de Evaluación Independiente, una especie de auditoría externa, de los años 2004 a 2007, concluyó que el Fondo no estuvo a la altura de las circunstancias. Habla de disfunciones internas, luchas por el poder, compartimentos estancos, falta de claridad en las funciones de los altos cargos e incluso ausencia de imparcialidad. Todo ello estaba dañando la capacidad del FMI para reaccionar ante la crisis, y no digamos prevenirla.

No era una crítica directa a la gestión de Rato, era más bien una radiografía de problemas arrastrados por una institución de primer nivel en las relaciones económicas internacionales. Como se sabe, la función del FMI es promover la estabilidad financiera y la cooperación monetaria internacional, facilitar el comercio internacional, incentivar un empleo elevado, un crecimiento económico sostenible y reducir la pobreza en el mundo entero. El FMI proporciona asesoramiento a los 189 países miembros, administra un presupuesto de unos 327.000 millones de dólares (la cuarta parte del PIB español) y en él trabajan 2.600 funcionarios.

Su director gerente tiene la consideración del jefe de Estado en el protocolo internacional. El nombramiento de Rato para este puesto a mediados de 2004 durante el Gobierno socialista fue un triunfo de la diplomacia española y un reconocimiento justo a la buena gestión y al éxito que supuso la incorporación al euro. Por eso su salida del FMI un año y medio antes de cumplir su mandato fue muy decepcionante. Las razones verdaderas creo que solo las sabe él, yo no voy a contribuir a la extensa rumorología. Pero sí parece que a partir de ahí su brillante trayectoria se tuerce.

Durante el año que sigue al primer crujido de la crisis, en el verano de 2007, algunos grandes bancos —como el estadounidense Bearn Stearns, los gigantes hipotecarios Fannie Mae y Freddie Mac y el británico Northern Rock— se van a la quiebra. Los Tesoros empiezan a tirar de los fondos públicos y salen al rescate. Para evitar el colapso de los mercados financieros, los principales bancos centrales, la Reserva Federal de Estados Unidos, el Banco Central Europeo y el Banco de Japón realizaron varias acciones concertadas de rebaja de tipos e inyecciones de liquidez.

El 15 de septiembre de 2008 llega la quiebra de Lehman Brothers, un domingo por la tarde. Desde dos años antes, yo era CEO (Chief Executive Officer) para España y Portugal. La caída del coloso Lehman se convirtió en el símbolo de la crisis financiera, el punto de no retorno. Además de ser uno de los cuatro grandes bancos de inversión de Estados, lo que marcó la diferencia es que a Lehman no se la rescató, como sí se hizo solo dos días después con la aseguradora IAG, la mayor del mundo, y con otras entidades financieras antes y después.

Las teorías respecto de por qué no se rescató a Lehman también son variadas. Algunos piensan que hubo motivaciones religiosas personalizadas en el entonces secretario del Tesoro de Estados Unidos, Henry Paulson, que provenía de Goldman Sachs, y le volvió la espalda. Lo cierto es que el debate sobre las ayudas públicas —700.000 millones de dólares en Estados Unidos, recuperados con creces— para rescatar bancos acusados de hundir la economía, causaba malestar en la opinión pública. Muchos consideran, sin embargo, que el no rescate de Lehman fue lo que amplió la magnitud de la onda expansiva.

En la caída de Lehman, la filial europea y mucho menos la española tuvieron poco o nada que ver, ya que las estrategias se fijaban en la sede de Nueva York. En España, de hecho, apenas se colocaron productos estructurados y lo poco que se hacía era a través de los bancos nacionales. Los problemas en España eran de un origen similar, una burbuja inmobiliaria y de crédito que estallan. Pero se mezclaron con una peligrosa pérdida de competitividad derivada de la ausencia de reformas, la politización de las cajas de ahorros, una política fiscal expansiva e irresponsable... y, sobre todo, un tenaz empeño en ignorar los problemas.

Como en el cuento de Blancanieves —espejito, espejito mágico—, la política española de esa etapa solo quería ser la más guapa, olvidando que algunas veces hay que hacer de madrastra. Nada que enturbiara la balsa de aceite en la que la economía española se mecía, olvidando cuestiones básicas como el entorno internacional, las inercias de la economía, los riesgos, la prevención, la deuda, la confianza, los compromisos con los socios europeos... Al contrario, el Gobierno de Rodríguez Zapatero recogió en 2004 un Presupuesto en equilibrio, pero cinco años después se fue a un déficit del 11% del PIB, para dejarlo en el 9,6% en 2011.

Una política expansiva cercana a los 100.000 millones de euros, que se dice pronto. Quedarán para la historia (o eso espero) del disparate económico los famosos planes E por los que se cambiaron farolas y aceras en los pueblos de media España. Además del cheque bebé, la duplicación de las deducciones por compra de vivienda en plena burbuja... Se perdió entonces una gran oportunidad para realizar las reformas estructurales que España necesitaba y que nosotros tuvimos que hacer después en plena recesión.

En aquellos años de Gobierno socialista, el entonces gobernador del Banco de España, Miguel Ángel Fernández Ordóñez, me llamaba para explicarme cómo veía la situación. También creo que quería pasar algún mensaje a Mariano Rajoy, pues debía considerarme una especie de consejero suyo. Ahí me hizo algunas confidencias. Por ejemplo, que él aconsejó a Zapatero que en julio de 2011 convocase elecciones para noviembre a fin de evitar una intervención de la economía. Y el entonces presidente del Gobierno le hizo caso. Realmente fue un hecho insólito en la democracia española que las elecciones se convocasen con tanto tiempo. Se abrió entonces un periodo que fue un verdadero calvario para España.

La burbuja inmobiliaria

Los primeros avisos de burbuja inmobiliaria habían llegado del propio Banco de España, con Jaime Caruana como gobernador, y durante los últimos meses del Gobierno del PP con Rodrigo Rato como vicepresidente y ministro de Economía y Hacienda. Por aquellas fechas, también el entonces economista jefe del FMI, Kenneth Rogoff, alertó del riesgo de «corrección brusca» de los precios de la vivienda en países como Australia, Reino Unido, Irlanda y España. En la misma línea se pronunció la OCDE.

Eran los meses finales de 2003 y a nivel internacional empezaban a sonar los primeros avisos de que el ciclo de bajos tipos de interés podía tocar a su fin. Tanto los precios de los activos inmobiliarios como el crédito estaban creciendo en España a tasas de dos dígitos. El Boletín Económico del Banco de España de septiembre de 2003 señalaba que «la magnitud de la consiguiente sobrevaloración [de los activos inmobiliarios] podría oscilar (...) entre un 8% y un 20%». Para añadir a continuación que «cabe esperar una reconducción, previsiblemente gradual, de las tasas de crecimiento de este precio hacia registros más acordes con la evolución de sus fundamentos a largo plazo».

Típico lenguaje «vaticano» del Banco de España que se podía traducir libremente como que «había que empezar a preocuparse, aunque no mucho». La llegada del nuevo Gobierno socialista en marzo de 2004 no supuso iniciar el proceso de explosión controlada de la burbuja. Al contrario, se practicó la conocida como política del pirómano que echa gasolina en un terreno reseco. Entre 2003 y 2007 se construían viviendas en España a un ritmo que rondaba las 700.000 anuales. El endeudamiento de familias y empresas superaba el 200 % del PIB y el saldo exterior de la cuenta corriente y de capital tocaba el techo histórico del –10 % del PIB.

La confianza y la credibilidad de la economía española por entonces ya se habían quebrado. Llegaron los días de mayo de 2010 y el Gobierno de Zapatero se vio forzado por la presión de los organismos internacionales y de los mercados a dar un giro de 180 grados a su mal llamada política social. Rebaja del 5 % del sueldo de los funcionarios, subida cero de las pensiones, retirada del cheque bebé, recorte de 1.200 millones para las comunidades autónomas, recorte del gasto farmacéutico, recorte de la inversión pública... Pedro Solbes ya había abandonado la vicepresidencia económica del Gobierno y le había sustituido Elena Salgado.

Los hechos han sido muy relatados. El famoso cruce de cartas en 2011 con el presidente del Banco Central Europeo entonces, Jean-Claude Trichet, con la exigencia sobre todo de una reforma laboral... y el programa de compra de deuda por parte del BCE centrada en España y en la Italia de Berlusconi, con los rescates de Grecia, Irlanda y Portugal y las amenazas sobre el euro, como grandes heridas abiertas en la Europa del euro. Trichet llegó a comprar más de 40.000 millones de deuda española, en algo bastante parecido a un minirrescate, nunca reconocido como tal.

España entera asistía atónita a este giro radical de la situación; ante una imagen parecida a la de aquel que cierra los ojos ante un accidente seguro. El año 2009 fue el más negro para la economía española, con una caída interanual del PIB que llegó a superar en un trimestre el 4 %, un descenso del empleo del 7,2 % y un aumento del paro superior al 83 %. En el conjunto del año, 1,3 millones de personas perdieron el puesto de trabajo. El intento desesperado por salvar la situación, un año después, llegó tarde o fue insuficiente, como ocurrió con la reforma laboral que aprobó el Gobierno de Zapatero en 2010, a la que siguió una huelga general.

El sector financiero parecía hasta entonces bastante al margen de las preocupaciones oficiales. Las denominadas provisiones anticíclicas —una especie de bálsamo de Fierabrás contra todos los males— prevenían suficientemente contra los tiempos adversos que ya se habían presentado. Las fusiones *light* de cajas de ahorros a través de los denominados SIP (Sistema Institucional de Protección, curioso nombre), permitían hincarle el diente por primera vez a las cajas de ahorros, muy contaminadas por el inmobiliario. Pero todo ello no eran más que intentos de curar el cáncer con aspirinas.

Rodrigo Rato accedió a la presidencia de Caja Madrid en enero de 2010 tras una negociación política de un año y medio y, en especial, una dura batalla interna dentro del PP, muy reveladora de lo que eran las cajas de ahorros en España. La cuarta entidad financiera española y segunda caja de ahorros detrás de La Caixa, relevaba a Miguel Blesa tras un pacto de todo el espectro político, PP, PSOE e IU, más sindicatos y organizaciones empresariales mediante un acuerdo por unanimidad. ¿Algún banquero o gestor acreditado? Ni por asomo.

Entonces se dijo que Rato era el candidato de Mariano Rajoy, en oposición a otros como Ignacio González, el preferido por Esperanza Aguirre, o Manuel Pizarro, no se sabe de quién... incluso yo mismo soné para ese puesto. La verdad es que fue Rato quien pidió el puesto a Rajoy y este debió considerar las capacidades de quien pilotó la política económica con éxito reconocido durante los gobiernos de José María Aznar. No tenía por qué ser un mal banquero...

La primera operación de calado fue la fusión de Caja Madrid con Bancaja en junio de 2010. En aquel momento supuso la creación de la primera caja española por volumen de activos, por delante de La Caixa. Y luego vino la salida a Bolsa en el verano de 2011. Ambas operaciones fueron un error. Lo dije cuatro años después públicamente en el Congreso y se lo dije en aquel momento a banqueros de inversión, con los que por entonces mantenía contactos habituales desde el

Instituto de Empresa. El problema de Caja Madrid no era de capital, era de valoración de activos y de falta de provisiones para créditos con riesgo mal contabilizado.

Y así se lo dije también a Rato. Comí con él un día después de la fusión. «Os estáis equivocando [...] habéis tenido presiones», le dije. Él me contestó que necesitaba ganar tamaño para mejorar el balance y que todas las cajas se estaban fusionando en los famosos SIP, impulsados por Fernández Ordóñez (y rebautizados en clave de humor negro como «RIP»). En el sector financiero —bastante inclinado a ver la paja en el ojo ajeno—, se miraba aquella fusión como la suma de dos manzanas podridas de las que no se podía esperar nada bueno.

Bankia como símbolo

Apenas unos meses después se puso en marcha la salida a Bolsa de la ya bautizada como Bankia, un nombre «próximo, fácil, directo y dinámico». Era la primavera de 2011 y desde el Gobierno socialista el mensaje era el de la recuperación económica tras el tremendo bache de 2009. La salida a Bolsa era una forma de mostrar músculo. Se presentó como un símbolo de que el sistema financiero español tenía buenas palpitaciones y bombeaba con fuerza. Que era digno de confianza y que también lo eran, por extensión, la economía española y sus gobernantes.

No puede decirse que fuera un éxito. Fue el segundo grave error sobre Bankia, si descontamos la constitución de su consejo. Y así lo dije en su día en los círculos que me eran próximos y también cuatro años después en el Congreso. Y ello porque en la operación se dejaron de lado los criterios económicos y se impuso el mandato político. También he dicho en el Congreso que en la salida a Bolsa de Bankia «se forzaron voluntades», referido al Banco de España y al Ministerio de Economía, al Gobierno socialista en definitiva. Aquello se calificó como «asunto de Estado». ¿Y los fundamentos económicos? Para eso, vuelva usted otro día.

En una nota de prensa, el Banco de España valoró «muy positivamente» la salida a Bolsa de Bankia. Lo hizo solo un día después y pese a que hubo que raspar mucho para terminar en tablas. Lástima haber esperado unos meses, porque el equipo del Gobernador habría evitado el patinazo de esa valoración apresurada. Las acciones perdieron cuatro veces su valor apenas un año después. Varios inversores internacionales y nacionales con los que hablé por aquellas fechas me confirmaron que se había producido un marcaje de las instancias oficiales para que respaldaran la operación que el propio Rato calificó de «estratégica» para España.

Incluso se utilizó el BOE para colocar a Bankia entre la espada y la pared. El Real Decreto Ley 2/2011 sobre saneamiento del sector financiero exigió un capital del 8 % de los activos ponderados por riesgo, ampliable al 10 % para las no cotizadas. Fijó en 15.152 millones de euros las necesidades de capital de bancos y cajas y para Bankia, en concreto, 5.775 millones de euros, seguida de NovaCaixaGalicia, Catalunya Caixa y Banco Base (la CAM-Cajastur). Allí se decía que el FROB (Fondo de Reestructuración Ordenada Bancaria) acudiría al auxilio de quienes no pudieran captar el dinero por sus propios medios, y en el caso de Bankia se anunciaba ya que iniciaba los trámites de salida a Bolsa.

En pleno verano de 2011 y una vez convocadas ya las elecciones, Zapatero y Mariano Rajoy, entonces líder de la oposición, acuerdan la reforma del artículo 135 de la Constitución. Supuso un importante paso en la buena dirección para blindar en nuestra Carta Magna el principio de estabilidad presupuestaria, vincular a las Administraciones Territoriales con este objetivo, afianzar los lazos con la Unión Europea y garantizar la sostenibilidad económica y social. La negociación fue rápida y el respaldo amplio. Pero sobre todo, fue una muestra de responsabilidad y sentido de Estado de Rajoy desde la oposición, algo que en el lado contrario hemos echado en falta tantas veces recientemente en España.

Con las elecciones del 20-N ganadas por el PP con mayoría absoluta se produce uno de los episodios más llamativos del Gobierno de Zapatero, por aquellas fechas en funciones. Solo un día después y mediante un comunicado lanzado a media tarde por el Banco de España, se anunció la intervención del Banco de Valencia, la destitución de los administradores y la inyección de capital de 1.000 millones de euros más otros 2.000 millones de liquidez. Se convertía así en la cuarta entidad intervenida —tras Caja Castilla-La Mancha, Cajasur y la Caja del Mediterráneo— por el supervisor en la etapa socialista, con la particularidad de que se trataba por primera vez de un banco y además cotizado.

Banco de Valencia también constituía un caso aparte al tratarse de la filial de una caja (colgada de la matriz de Bankia, el Banco Financiero y de Ahorros (BFA)). La presidía José Luis Olivas hasta un mes antes de la intervención, que a su vez era vicepresidente de Bankia, cargo del que también dimitió el 21-N, el día de la intervención. El distanciamiento entre Olivas y Rato se hace ya patente, aunque venía de atrás. El comunicado del Banco de España explicaba que la decisión de intervenir la entidad «se produce después de haber evaluado la situación financiera-patrimonial de Banco de Valencia y haber constatado que no ha podido adoptar las medidas adecuadas para asegurar su viabilidad». Por qué se eligió precisamente ese momento, con un Gobierno en funciones, es un episodio sobre el que falta alguna explicación.

2

LAS PRIMERAS MEDIDAS

Los ajustes para reconducir el déficit y los primeros datos sobre el sector financiero

El 20 de noviembre de 2011, el PP consiguió mayoría absoluta en las elecciones generales, después de una larga campaña que prácticamente comenzó en verano. El Gobierno socialista mantenía que ese año era el de la recuperación económica y que el déficit público se reduciría hasta el 6 % del PIB. Pero la desconfianza pesaba sobre la economía española y en los círculos exteriores se daba una probabilidad alta a que hubiera que solicitar el rescate.

La hasta entonces vicepresidenta económica, Elena Salgado, estuvo durante toda la segunda parte de aquel año intentando convencer a la opinión pública y a los inversores de que España había hecho los deberes. Con la asistencia del BCE y las medidas muy a la desesperada adoptadas por el Gobierno de Zapatero un año antes, se podían corregir los errores acumulados durante casi dos Legislaturas.

Creo que las urnas penalizaron sobre todo la falta de reconocimiento de la crisis y la sensación de derrota como país. Dos lecciones que he procurado aplicarme durante los cuatro años en que he sido ministro de Economía de España en la etapa más compleja desde el punto de vista económico de nuestra historia moderna. Siempre hemos ido con la verdad por delante, nuestras previsiones han sido superadas por la realidad y hemos tomado medidas difíciles desde el primer momento.

Mariano Rajoy formó Gobierno con la Navidad a las puertas y me hizo el honor de contar conmigo para dirigir la cartera de Economía y Competitividad. Mi relación con el presidente viene del Gobierno de José María Aznar, cuando fui secretario de Estado de Economía con Rodrigo Rato como vicepresidente económico. Rajoy, por ejemplo, me pidió que coordinara la parte económica del programa electoral del PP para las elecciones de 2004.

No militaba entonces en el PP (tampoco ahora) y en aquella época podía ser considerado «ratista», pero el presidente Rajoy ha contado con mi colaboración desde entonces. Creo que siempre ha esperado de mí una opinión cualificada (de estas hay muchas), pero a la vez realista e independiente (bastante más difícil de encontrar). Rajoy es una persona pragmática que procura no dejarse influir por intereses particulares o grupos de presión, lo que tiene mucho mérito cuando uno está en la cima política. Con ello marca una diferencia muy importante respecto de algunos de sus antecesores.

Estuve con él en 2010 preparando el debate de las famosas primeras medidas de Zapatero contra la crisis, que el PP no apoyó. Después nos veíamos dos o tres veces al mes para comentar la evolución de la economía y le ayudé a preparar el discurso de investidura en 2011. Por aquel entonces yo figuraba en las quinielas para el nuevo Gobierno, cuestión que no supe hasta prácticamente dos días antes de que se hiciera público.

Recuerdo que el 19 de diciembre estaba jugando al tenis

con mi hijo Íñigo y me llamó María Dolores de Cospedal, la secretaria general del PP, para preguntarme por mi disponibilidad para ser ministro. Lo primero que le dije a mi hijo es que se tenía que cortar el pelo, a lo que ya no se podía negar. Un ministro debe al menos tener autoridad sobre estas cosas... Nos reímos con el tema pero a la vez empezamos a ser conscientes del coste personal que podía tener mi nueva vida política... Mi familia fue muy generosa al comprender que me hacía una ilusión enorme.

Al día siguiente me llamó Rajoy para explicarme cómo iba a configurar el área económica. Había decidido presidir la Comisión Delegada del Gobierno para Asuntos Económicos (CDGAE) y cambiar por lo tanto el esquema anterior. En los últimos Gobiernos, tanto del PP como del PSOE, se había funcionado con una vicepresidencia *política* y otra *económica* que englobaba todas las competencias del área, en especial, Economía y Hacienda.

La razón que me dio entonces Rajoy es que la economía iba a ser su prioridad. Necesariamente fue así durante al menos los dos primeros años. Ha habido muchas opiniones con respecto a si fue acertado o no que el presidente del Gobierno asumiera directamente esa función en unos momentos tan complicados. En caso de fracaso, es decir, si hubiéramos ido al rescate completo de la economía, el coste político habría recaído en el presidente, sin filtros. No creo que una vicepresidencia económica hubiera alterado mucho el debate político en este aspecto; el presidente habría sido, sin duda y en cualquier caso, el objetivo de los ataques de la oposición.

Así empezamos la andadura mi colega Cristóbal Montoro en Hacienda y yo en Economía, con varios frentes abiertos y obligados a entendernos, dicho sea en el mejor de los sentidos. A Montoro le tocó bailar con la más fea, embridar el déficit de las comunidades autónomas, en su mayoría gobernadas en aquellas fechas por el PP. Yo tuve que pelear con el saneamiento del sector financiero, que tampoco le fue a la zaga. Yo debía defender la política económica en Bruselas y recuperar la confianza de los inversores. Montoro tenía que cuadrar las cuentas, lo que no le hacía precisamente el más simpático dentro del Consejo de Ministros.

El equipo

Al día siguiente de recibir la llamada del presidente Rajoy me reuní en mi casa con dos de las personas que más directamente iban a trabajar conmigo en estos cuatro años: Eva Ortiz, mi secretaria personal, y Rosa María Sánchez-Yebra, mi directora de Gabinete durante la mayor parte de la X Legislatura. Empezamos a formar el resto del equipo con Fernando Jiménez Latorre en la secretaría de Estado de Economía, Íñigo Fernández de Mesa, en Tesoro, Miguel Temboury para la subsecretaría, Jaime García Legaz como secretario de Estado de Comercio y Carmen Vela, de I+D+i.

Busqué sobre todo personas con capacidad técnica probada, algunas conocidas por mí desde hacía tiempo, otras no, y con formación de Técnicos Comerciales y Economistas del Estado en algunos casos, como yo mismo. Profesionales con aptitudes para trabajar en equipo, sin búsqueda de protagonismos y plenamente conscientes del papel que tenía que jugar cada uno. Todos sabían que no eran tiempos de lucimientos, sino de solucionar problemas en una coyuntura muy difícil, probablemente la peor que se iban a encontrar en sus carreras profesionales.

La primera llamada que recibí en aquellas fechas desde fuera de España fue la de Timothy F. Geithner, secretario del Tesoro de Estados Unidos, justo un día después de la toma de posesión del nuevo Gobierno de Mariano Rajoy. Era el 23 de diciembre y Geithner me felicitó por el nombramiento. Ya en esa conversación, que yo afrontaba como protocolaria, simplemente como un primer contacto, me habló de su preocupación por la situación de la zona euro y, en especial, del riesgo que al respecto suponía el sistema financiero en España. No diría que fue para mí la primera señal de alarma, pero sí tomé conciencia de lo mal que nos veían desde fuera.

Tres días después tomaron posesión algunos de los altos cargos de mi equipo y allí anuncié que la economía española entraba en recesión. Los datos aún no lo reflejaban y este asunto no se planteó en la breve reunión de traspaso de poderes (veinte minutos) que tuve con mi antecesora, Elena Salgado. «Que nadie se engañe, los dos próximos trimestres no van a ser sencillos, ni para el PIB ni para el empleo», dije públicamente. Lo enfoqué como un «acicate» para hacer las reformas que necesitaba la economía española. En concreto, mencioné el saneamiento del sistema financiero —para que volviera a fluir el crédito—, el ajuste fiscal y la reforma laboral.

¡Dos trimestres! Seguro que a la vista de lo que vino después todos hubiéramos firmado una recesión de medio año. La realidad es que la caída en picado de la economía española duró cinco años, prácticamente sin interrupción. La revisión posterior del PIB elaborada por el Instituto Nacional de Estadística (INE) reveló que desde el tercer trimestre de 2008 hasta el segundo trimestre de 2013 —con el año 2010 en tasas intertrimestrales muy próximas a cero—, la economía española vivió la crisis más larga y profunda de nuestra historia reciente. Y aquí estábamos, en posesión de nuestros cargos y dispuestos a torear este miura. A medida que lo sentía más cerca, más grande y más negro me parecía.

A finales de 2011, el presidente Rajoy nos convocó en La Moncloa a la vicepresidenta, Soraya Sáenz de Santamaría, al ministro de Hacienda, Cristóbal Montoro, al de Industria, José Manuel Soria, y a mí. Montoro puso las cuentas encima de la mesa. El déficit público de ese año iba a superar el 8 % y había que tomar medidas, unos 27.000 millones de euros de desviación. El ministro de Hacienda propuso subir el IRPF; yo planteo que, al contrario, hay que subir el IVA. La primera, en la frente.

En mi opinión, el IVA es un impuesto que produce los mismos efectos contractivos que el IRPF, pero es menos distorsionante para la actividad económica. Montoro, con un criterio más político, argumentó que el IRPF es progresivo y transmite mejor la idea de un reparto más equitativo del sacrificio. Rajoy respaldó a Montoro en esta ocasión aunque al final, solo unos meses más tarde, hubo que subir también el IVA. Tras esta reunión en Moncloa, llamé por la tarde al entonces comisario europeo de Asuntos Económicos y Monetarios, Olli Rehn, para comunicarle que el déficit público superaría el 8 % y que íbamos a adoptar medidas.

El 30 de diciembre celebramos el segundo Consejo de Ministros de la X Legislatura. Llevábamos solo seis días en el Gobierno y tuvimos que aprobar un ajuste superior a 15.000 millones de euros. Consistía básicamente en una no disponibilidad o un recorte del gasto para los ministerios por valor de 8.900 millones de euros, especialmente dramático habida cuenta de que entramos en 2012 con un Presupuesto prorrogado. La peor parte consistía en una subida de impuestos por 6.275 millones de euros, completada con otras medidas de ahorro administrativo. Se elevaron el IRPF, el impuesto de las rentas del capital y el IBI y se eliminó la bonificación al gasóleo profesional.

La subida de impuestos

La rueda de prensa posterior al Consejo de Ministros fue gélida. La vicepresidenta Sáenz de Santamaría, la ministra de Empleo, Fátima Báñez, Montoro y yo mismo, comparecimos ante los medios de comunicación cargados de malas noticias y en plenas Navidades. Acabábamos de ganar las elecciones con la bajada de impuestos como medida estrella de nuestro programa y nos veíamos obligados a subirlos en la primera de las decisiones importantes del nuevo Gobierno. La rueda de prensa fue un intento de justificar la urgencia y lo inesperado de la situación y de explicar que se había buscado hacer el menor daño posible. No sé si lo conseguimos, pero no quedaba otra.

La subida del IRPF se planteó como un gravamen complementario y temporal (para 2012 y 2013) con una escala que iba del 0,75 % para los tramos más bajos que subía progresivamente hasta el 7 % a partir de los 300.000 euros de renta anual. La tributación de las rentas del capital también se elevaba de forma escalonada, dos puntos en el primer tramo de 0 a 6.000 euros y 6 puntos a partir de 24.000 euros de rendimiento. Para el IBI, la subida estaba destinada al 50 % de las viviendas de mayor valor dentro de cada municipio.

En el otro lado de la balanza, las pensiones subían el 1 % desde enero de 2012 y se prorrogaba durante seis meses el denominado Plan Prepara, es decir, los 400 euros para los parados que habían agotado las ayudas. Las prestaciones por desempleo se mantenían íntegramente. A los funcionarios se les congelaba el sueldo (después hubo que recortarlo también) y lo mismo se hacía con el salario mínimo interprofesional, que se mantenía en 641,40 euros al mes. Por último, se recuperaba la desgravación por compra de vivienda que el Gobierno anterior había suprimido y que más tarde también decidimos eliminar.

La vicepresidenta cargó las tintas en que el Gobierno de Zapatero había ocultado la verdad y en justificar la subida de impuestos: «Nos encontramos con una cifra de déficit público mucho más elevada de la que había comunicado y comprometido el Gobierno anterior. [...] Es una desviación presupuestaria elevada que va a obligar a tomar medidas extraordinarias. [...] El Partido Popular no es partidario de subir impuestos, pero estamos ante una circunstancia extraordinaria y no prevista, que nos lleva a tomar medidas no deseadas, pero que son obligadas por el agujero en el déficit público con que nos encontramos».

Por mi parte, puse en valor la celeridad en la actuación del Gobierno por contraste respecto de lo sucedido hasta entonces: «La rápida y contundente reacción de este Gobierno a efectos de corregir el déficit va a ser un elemento importante desde el punto de vista de la generación de confianza en la política económica». Es un lugar común que, nada más llegar, los nuevos gobiernos lo ponen todo muy negro para desplazar hacia el pasado los problemas. A partir de ahí, solo se puede mejorar. No es factible esa estrategia cuando estás bajo la vigilancia permanente de Bruselas. A partir del momento en que tomas posesión tú eres, para las autoridades europeas, el representante de España, no de tal o cual partido. Si consideraban que había un déficit oculto, es que lo había realmente.

En esa misma rueda de prensa, Sáenz de Santamaría ya

anunció cuáles iban a ser los siguientes pasos. El saneamiento financiero y la reforma laboral pasaban, sin dilación, a primer plano de la agenda política. Mi enfoque era claro: sin un sistema financiero saneado y transparente, no era posible sacar a España de la recesión y luego de la crisis. Lo primero era conocer exactamente la situación y ahí tenía que contar con los datos que me proporcionara el Banco de España. Por eso y por respeto institucional, el equipo del viejo caserón de Cibeles se mantuvo durante unos meses. Mi intención era que llegara hasta fin de mandato en junio de 2012, lo que finalmente no fue posible.

Los 50.000 millones

El mismo 3 de enero convoqué una reunión en el Ministerio con el gobernador, Fernández Ordóñez, y el subgobernador, Francisco Javier de Arízteguí, con la asistencia de Jiménez Latorre y Fernández de Mesa por nuestra parte. Era la primera toma de contacto formal en la que el Banco de España planteó un déficit de provisiones de 50.000 millones de euros para el sector financiero. La tensión del encuentro iba a ser una constante en las relaciones entre ambos durante los primeros meses. Tanto Ordóñez como Arízteguí debían justificar su gestión anterior y nosotros queríamos (debíamos) ir a por todas.

Ellos tenían bastantes temores y querían ser más graduales. Nosotros impusimos transparencia y una reforma integral que abarcase a todo el sector. Huíamos del parcheo anterior. Los problemas estaban centrados en las cajas de ahorros, pero el estallido de la burbuja inmobiliaria dejó, en mayor o menor medida, muchos más damnificados. El daño reputacional se había *socializado* y la sombra de duda sobre las cuentas de la banca española se había extendido. Las miradas se habían vuelto, sobre todo, hacia Bankia, la cuarta entidad financiera del país, y el fiasco de la salida a Bolsa.

El Banco de España proporcionó finalmente la cifra de los 50.000 millones de euros de ajustes pendientes de reconocer y junto a ello nos planteó las diferentes alternativas. Un día más tarde concedí una entrevista a *Financial Times* en la que señalé que el sector financiero necesitaba aumentar las provisiones en 50.000 millones de euros y debía reconocer en sus balances el deterioro de los activos inmobiliarios, particularmente los materializados en suelo. Parece que molestó que se hiciera pública la cifra. Para mí, el mensaje fue más bien de consumo interno: hay que ponerse las pilas porque esto no tiene vuelta atrás; la cifra ya no puede rebajarse, por mucho que duela.

Frente a las reticencias iniciales, el gobernador envió después a Jiménez Latorre un documento en el que admitía que «la cifra de 50.000 millones no ha dado lugar a reacciones negativas en los mercados (aceptación de que sería suficiente)». Un mes más tarde, cuando ya estaba prácticamente aprobado el conocido como Guindos I, el primer decreto de saneamiento financiero, Ordóñez hizo una presentación pública en la que concluía que «las incertidumbres sobre el saneamiento de los balances han sido resueltas» y hacía alusión a los famosos 50.000 millones. El Banco de España daba así el respaldo a la reforma.

El equipo de Fernández Ordóñez plantea las tres opciones para *regularizar* la cifra y, en su línea, insiste en las cautelas: la credibilidad de los mercados, el esfuerzo que se pide a las entidades y la ortodoxia contable y regulatoria de las distintas alternativas. Las opciones consistían bien en llevar todo el ajuste contra resultados, bien contra reservas en caso de fusiones («no cosméticas») o un tercer camino que combinaría resultados con un *buffer* o colchón de capital. Esta última fue la elegida, aunque el grueso del esfuerzo recayó sobre el saneamiento de los activos inmobiliarios.

Junto a las alternativas, el Banco de España nos proporcionó el detalle de las cifras. Se valoraron en 322.040 millones de euros el conjunto de activos problemáticos del sector inmobiliario (más de la cuarta parte del PIB español), de los cuales un tercio correspondían a suelo, otro tercio a promociones terminadas, viviendas de particulares y otros, y la cantidad restante a otros riesgos «normales». El déficit de provisiones se acercaba en efecto a los 50.000 millones. Aquí estaba la madre del cordero, la bola de nieve acumulada y pendiente de un tratamiento de choque.

El Banco de España, por su parte, había detectado meses atrás unas necesidades de capital de 15.949 millones de euros derivadas de la aplicación del Real Decreto Ley 2/2011. Bankia, la entidad con más déficit, se vio forzada a salir a Bolsa en julio de ese año para cubrirlo, pero en otras tuvo que entrar el FROB (Fondo de Reestructuración Ordenada Bancaria). Entre los años 2009 y 2011 (Gobierno socialista), las ayudas a las entidades financieras rozaron los 30.000 millones de euros. La mayor parte fueron inyecciones de capital y más de 7.000 millones en los denominados Esquemas de Protección de Activos (EPA), una especie de garantía pública frente a pérdidas futuras. Once entidades financieras, la mayoría cajas de ahorros, fueron las destinatarias.

Estos recursos sirvieron para taponar algunas hemorragias y mantener al enfermo con respiración asistida. Pero no se abordaron los cambios estructurales necesarios en el sector financiero, que además eran extraordinariamente complejos en su instrumentación. El mapa de la reestructuración del sistema financiero en la etapa socialista era un laberinto. Fueron además ayudas no recuperables, aportadas a fondo perdido en su totalidad, a diferencia de la reestructuración financiera llevada a cabo después.

Informe sobre los sueldos

Lo que se iba conociendo de las cajas intervenidas o ayudadas producía cada vez más escándalo en la opinión pública. El goteo de operaciones de salvamento, con mucho dinero público comprometido, se mezclaba con el estupor ante las remuneraciones e indemnizaciones de los gestores. Aquellos que habían provocado la quiebra de estas entidades por una mala gestión, en algunos casos delictiva como se ha ido viendo después, habían cobrado sueldos e indemnizaciones indecentes o lo pretendían. En algunos casos incluso se mantenían en sus puestos con las mismas retribuciones.

El 9 de enero de 2012 envié una carta al gobernador en la que le transmitía «mi preocupación y la del Gobierno por diversas cuestiones relacionadas con las remuneraciones e indemnizaciones a los directivos y administradores de entidades que cuentan con apoyo del FROB». Añadía que «lo significativo de algunas cifras conocidas ha provocado la atención del Gobierno, dados los recursos públicos que han necesitado las entidades en cuestión y la permanencia en las mismas de algunos directivos y administradores que también lo fueron con anterioridad a la intervención pública». Y remataba diciendo que «constituyen igualmente motivo de preocupación las indemnizaciones que pudieron recibir algunos de los directivos y administradores que fueron cesados con motivo de la llegada de capitales públicos».

Le pedí un informe detallado sobre estas cuestiones, que

me llegó el 27 de enero con información también de entidades sin ayudas. En él se especificaban algunas cuestiones «mejorables» en el sistema de retribuciones de entidades ligadas al FROB. Al respecto, el Banco de España subrayó como «debilidad» la ausencia o poca concreción «de las variables ligadas al riesgo y, en particular, la inclusión como objetivo de la devolución de ayudas públicas». Cuando se trata de baremos ligados a la cuenta de resultados, estos son «bastante asequibles» y si son «mediocres o negativos» no existe penalización.

Respecto de la cuantía de las indemnizaciones, el informe del Banco de España concluyó que de media superaban las dos anualidades incluyendo el salario variable, lo que se apartaba de las recomendaciones de la Comisión Europea al respecto. Normalmente, estas indemnizaciones se percibían de manera automática, sin que el pago viniera precedido de una evaluación y posible ajuste en virtud de la situación financiera de la entidad en el momento del cese, añadía.

En el caso de las entidades en aquellos momentos participadas con mayoría por el FROB (Catalunya Bank, Nova Caixa Galicia y Unnim Banc) o con preferentes del fondo público (BFA-Bankia, Banca Cívica, Banco Mare Nostrum y CEISS), la retribución media anual a finales de 2011 era de 1,87 millones de euros para los presidentes. Añadían derechos consolidados por pensiones de 1,47 millones como media y blindajes por valor de 3,68 millones. En Catalunya Banc, por ejemplo, la entidad con más ayudas en términos relativos, el presidente cobraba un 53 % más que en la media de las entidades con ayudas, sin incluir Bankia.

En el caso de Bankia en concreto, la retribución del presidente se situaba un 3 % por encima de la media de las cuatro mayores entidades financieras de España (Santander, BBVA, Caixa y la propia Bankia), que alcanzaba en conjunto los 4,7 millones de euros, incluida la retribución variable. El peso de esta sobre el fijo era del 164 % para el presidente de Bankia, según los datos del Banco de España. El consejero delegado, sin embargo, cobraba un 40 % menos que la media de los grandes.

En las cajas con participación del FROB, lo más llamativo eran las indemnizaciones por cese. Según recogía el Banco de España, en NovaCaixaGalicia, por ejemplo, al director general le correspondían 18,6 millones de euros, en su mayoría por compromisos de pensiones. En el caso de la CAM, media docena de directivos se acogieron, unos meses antes de la intervención, a la prejubilación prevista en un ERE con una indemnización total de 15,4 millones de euros (5,56 millones para el director general). En algunos de estos casos, las indemnizaciones no se han llegado a cobrar porque en su día se litigaron. Algunas de ellas están todavía en los tribunales.

3

LAS TRES REFORMAS

El mercado laboral, la Ley de Estabilidad Financiera y el sector financiero se transforman

Acudir al Foro Económico de Davos supone un cierto esfuerzo. Hay que ir a Zúrich y después, dos horas en coche. Suele celebrarse entre enero y febrero, por lo que la nieve forma parte del paisaje y de las dificultades para moverse. Pero todo el que tiene algo que decir en la esfera económica internacional acude cada año. Hay que estar, no solo para participar o asistir a los debates, sino sobre todo, por los encuentros que se producen entre bambalinas. Solo ha habido un año durante la Legislatura en el que no pude asistir.

A finales de enero de 2012 me reuní con Wolfgang Schäuble, el ministro de Finanzas alemán, en uno de esos contactos en la trastienda de Davos. Schäuble es admirable en lo personal y ha sido un apoyo para España en muchos momentos difíciles. Existe desde luego una afinidad política, pero no solo. Mi entonces colega alemán es de aquellos que van con la verdad por delante, directo al grano. Esta es una virtud siempre, pero de manera especial cuando la realidad te es adversa.

Ese día, Schäuble no tenía buenas noticias para nosotros. Me dijo que no podíamos contar con el voto a favor de Alemania para que un español sustituyera a José Manuel González Páramo en el directorio del BCE. Yo tenía atado con François Baroin, ministro de Economía y Finanzas de Francia con el Gobierno de Nicolas Sarkozy, que su país nos apoyaría en el relevo que debía producirse en el verano de 2012. Portugal también estaba de nuestro lado, entre otros. Pero resultó insuficiente.

El Gobierno español ya había presentado a Antonio Sáinz de Vicuña, director del Servicio Jurídico del BCE, como candidato. Consideramos que el perfil de Sáinz de Vicuña era idóneo, pero Schäuble me dejó claro que su candidato era el luxemburgués Yves Mersch. Como mínimo, me pareció que el gobernador de un banco central de un país pequeño no tenía el bagaje suficiente como para desplazar a alguien del prestigio en el propio BCE como Sáinz de Vicuña. Pero Schäuble estaba decidido a ser muy convincente: era una decisión de la canciller Angela Merkel motivada por el disgusto con la política económica del presidente Zapatero.

En ese momento, como se suele decir, me caí del burro. Me di cuenta de la pérdida de peso específico de España en ese complejo universo que es Bruselas. Vi claramente que cuando entras a formar parte de él, ya no eres el ministro de tal o cual partido que ha ganado unas elecciones, sino que representas a tu país. No hay un antes y un después, es un todo continuo. Llegas allí con tu mochila heredada de aciertos y errores; en mi caso, con una proporción altísima de lo segundo. España había pasado a formar parte de los países incumplidores, con riesgo, aquellos que había que mantener bajo vigilancia.

Así que, la primera en la frente, se nos cerraba una puerta con los países triple A echando el cerrojo. Los del norte y los del sur separados por un muro de desconfianza que tuve claro, desde el principio, debíamos derribar. En aquellos días recordé que en mi etapa anterior de secretario de Estado de Economía, España se opuso a que se les permitiera a Francia y Alemania incumplir el Pacto de Estabilidad en el año 2003. España estaba en la disciplina del déficit, ellos no. El contraste, casi diez años después, fue para mí brutal.

Ni el veto de España ni el rechazo del Parlamento Europeo impidieron que finalmente, en julio de 2012, el Eurogrupo decidiera que el luxemburgués nos quitara la silla. Era la primera vez desde la fundación del BCE, en el año 1998, que España quedaba fuera del directorio de la autoridad monetaria de la zona euro. Se incumplía así el pacto no escrito que daba un puesto en la cabina de mando a los cuatro grandes del euro: Alemania, Francia, España e Italia. Estaba claro que nos bajaban, por lo menos, a la segunda división.

El veto de los eurodiputados al luxemburgués —no vinculante— se produjo por una cuestión de género. La ausencia de mujeres en los órganos de dirección de la autoridad monetaria de la zona euro centró entonces el debate político. Aunque la votación se produjo en octubre, ya en la anterior reunión de enero con Schäuble le ofrecí presentar una candidata mujer. Pero no «coló». La decisión, me reiteró, estaba tomada. Creo que todavía no he llegado a encajarla, aunque dos años después Schäuble me garantizó que la primera vacante en el BCE sería para España.

El primer eurogrupo

Una semana antes de acudir a Davos, a mediados de enero, asistí a mi primer Eurogrupo de la Legislatura en Bruselas. Acabábamos de llegar al Gobierno y podía notar en el ambiente cierta... ¿Curiosidad? ¿Desconfianza? ¿Temor? ¿Alivio? No sabría muy bien definirlo varios años después, pero el caso es que me tocaba poner las cartas boca arriba. Reconocer la realidad, primer paso para recuperar la confianza. Expliqué que el déficit público había superado el 8 % del PIB en 2011, dos puntos más de lo previsto, unos 20.000 millones de euros. Segundo paso, rapidez en las medidas. Detallé que el Gobierno había aprobado un ajuste, incluida la subida de impuestos, y que iba a poner en marcha un paquete de reformas estructurales que consistía en el saneamiento del sector financiero, la reforma laboral y la consolidación fiscal. Era la hoja de la ruta que nos había señalado el presidente Rajoy.

De ese día en Bruselas recuerdo sobre todo las duras palabras del presidente del BCE, Mario Draghi. El italiano había llegado al cargo apenas dos meses antes y se había encontrado con los rescates en marcha de Grecia, Irlanda y Portugal y con su país y España en situación de alto riesgo. Activó en diciembre de 2011 las conocidas como LTRO (*Long-Term Refinancing Operation*) o *manguerazo de liquidez* en traducción libre, para permitir a los bancos seguir funcionando ante la sequía del interbancario y a fin de evitar el colapso.

Draghi tomó la palabra para advertirme que a España no le quedaba tiempo. Que estábamos *anestesiados* por las LTRO, pero que el efecto se iba a pasar relativamente pronto. Que en las próximas subastas de deuda pública, lo podíamos pasar mal. Es cierto que los bancos españoles habían acudido a esta ventana de liquidez a mansalva y que parte de ese dinero se había destinado a la compra de deuda pública. Lectura para mis adentros: si el grifo se seca y las subastas se quedan desiertas, España tiene que pedir el rescate.

La rapidez que exigía Draghi estaba en línea de lo que nosotros teníamos ya en mente. En el Gobierno ya habíamos entrado en una dinámica de reformas muy fuerte.

El Ministerio de Economía estaba ya perfilando lo que sería el primer decreto de saneamiento del sector financiero. Si los bancos dependían del BCE para tener liquidez es porque generaban dudas sobre sus balances. A finales de enero, nosotros ya sabíamos bastante por dónde atajar el problema. Partíamos de los 50.000 millones que el Banco de España había detectado como déficit de provisiones y del informe sobre retribuciones que nos había entregado.

El Real Decreto Ley 2/2012 de 3 de febrero sobre saneamiento del sector financiero se bautizó como Guindos I, supongo que para distinguirlo del Guindos II que vino a continuación. Entonces no lo sabíamos, pero apenas un mes después de llegar al Gobierno iniciamos con ese primer decreto la mayor transformación normativa que se ha producido en España en el sector financiero. Prácticamente modificamos toda la legislación, desde la normativa contable, las remuneraciones, la resolución de entidades, las preferentes, las hipotecas... Especialmente intenso fue el debate y las medidas para paliar el problema de los desahucios.

El llamado Guindos I se aprobó en el Consejo de Ministros del viernes 3 de febrero de 2012. La tarde antes decidimos dar una rueda de prensa, una vez que el denominado Real Decreto Ley de Saneamiento del Sector Financiero había pasado por la Comisión Delegada. Ese jueves me acompañaron Jiménez Latorre y Antonio Carrascosa, director general de Política Económica, ante la prensa. En la presentación dije lo que a mi parecer resume lo que queríamos hacer: «Un saneamiento rápido y profundo». Otra cosa es que lo consiguiéramos totalmente, como veremos más adelante.

Reiteré que nos basábamos en los datos proporcionados

por el Banco de España. Realmente, en el Ministerio no teníamos esa información. Carrascosa era el encargado de lidiar con los técnicos del caserón de Cibeles, y no siempre las cifras eran concluyentes. Finalmente logramos establecer un marco general: los activos inmobiliarios ligados al crédito promotor ascendían a 323.000 millones de euros; suelo y promoción en curso ascendían a 88.000; resto de activos problemáticos, otros 87.000, y no problemáticos, 148.000 millones de euros.

La valoración de estos activos en los balances de las entidades de crédito «genera dudas» y afecta «a la capacidad de acceso a los mercados de mayoristas de capitales y de proporcionar crédito a familias y empresas», expliqué como introducción. En otras palabras, o restaurábamos la confianza en nuestro sistema financiero o no seríamos capaces de darle un vuelco a la situación económica. En esas fechas, la preocupación se palpaba en el ambiente, aunque la verdad es que yo no esperaba un deterioro tan profundo como vimos apenas dos meses después.

El esfuerzo que estábamos pidiendo era de un total de 50.000 millones de euros; en dos terceras partes, provisiones para cubrir activos inmobiliarios dañados. Establecimos una dotación específica de 25.000 millones de euros con cargo a resultados; un colchón de capital del 20 % para suelo y del 15 % para promoción en curso por otros 15.000 millones, y una provisión genérica o preventiva para los activos no problemáticos del 7 % por otros 10.000 millones de euros. De esta forma, pasábamos de una cobertura total del 31 % para suelo al 80 %; del 27 % para promoción en curso al 65 %; y del 25 % en vivienda terminada al 35 %.

El saneamiento tenía que realizarse en el plazo de un año (antes del 31 de diciembre de 2012), salvo para los casos en que se pusieran en marcha procesos de fusión, para los que dábamos dos años a las entidades involucradas. Los planes de integración debían presentarse antes del 31 de mayo de ese año. Solo para las fusiones que salieran adelante se daba la posibilidad de que actuara el FROB mediante la adquisición de bonos convertibles contingentes, los conocidos como *cocos.* Ninguna otra ayuda pública para este proceso de saneamiento. Lo aseguré tajante... es verdad que luego no fue posible.

El Guindos I

Sacar adelante esta reforma no fue un parto fácil. En el fondo suponía un cambio de filosofía. Hasta ese momento se había actuado sobre el capital de las entidades, más indoloro en condiciones normales. Nosotros quisimos ir sobre todo al activo, aun cuando ello pudiera afectar a la cuenta de resultados. Para sanear los balances de suelo o promociones dañados, el primer paso era reconocer la pérdida. Esto, en frase de Carrascosa, permitía «ganar tiempo»; es decir, cuanto más alta fuera la provisión, menos pérdida habría en el futuro. Era una forma de extirpar los activos del mercado inmobiliario que se habían *tumorizado*, mediante una mejor adecuación de los precios de oferta y demanda.

Quizá en el Ministerio teníamos una visión más macroeconómica del problema y con menos prejuicios a la hora de aplicar una cirugía a fondo. Desde el Banco de España se pudo considerar que fuimos invasivos. No lo creo, a juzgar por los acontecimientos posteriores... Es verdad que nos saltamos la tradición de que los aspectos contables de las entidades financieras se regulaban normalmente mediante circulares del Banco de España. Para nosotros, un decreto-ley era la forma de conseguir que en el plazo de apenas un mes la reforma estuviera lista para aplicarse. Si hubiéramos tenido que esperar... no nos lo podíamos permitir.

En la rueda de prensa del jueves no expliqué la segunda parte del decreto, la relativa a la limitación en las remuneraciones de las entidades con ayudas públicas. Nos faltaba algún fleco por cerrar y quería pisar sobre terreno seguro. Ya al día siguiente, en la comparecencia posterior al Consejo de Ministros ante los periodistas expliqué que habíamos recibido el informe del Banco de España sobre los sueldos de los administradores y directivos y entidades con ayudas públicas. Habíamos constatado, añadí, que estas remuneraciones no se ajustaban a la Directiva Europea sobre adecuación de capital del año 2010 y a los decretos de adaptación. La vigilancia le correspondía al Banco de España, señalé.

Aprobamos un sueldo máximo de 300.000 euros anuales para los directivos de las entidades intervenidas por el FROB, suspendimos la remuneración variable, y pusimos un tope de 50.000 euros para los consejeros. Para las que tenían solo apoyo financiero, también se suspendió la retribución variable (revisable a los tres años para no cerrar la puerta a la incorporación de buenos gestores), el tope para consejeros se fijó en 100.000 euros anuales y en 600.000 para los altos directivos. Algunas de estas cantidades se restringieron después aún más.

Políticamente era el aspecto más delicado de esta primera reforma. En algunos entornos próximos llegué a oír que estábamos «demonizando» a los banqueros. Tuve el apoyo del presidente Rajoy y, de forma explícita, de los ministros José Manuel Soria (Industria) y García-Margallo (Asuntos Exteriores). Algunos consideraban, además, que poner un máximo de 600.000 euros era ya de por sí una barbaridad. El hecho es que las nuevas cantidades representaban una considerable rebaja media del 70%, pero obviamente, había que explicarlo muy bien teniendo en cuenta la situación de partida en las nóminas (de escándalo en muchos casos) que se estilaban en las entidades.

Tuve algunas preguntas en esa rueda de prensa sobre dos cuestiones. La primera, más o menos, si el Gobierno se iba a dedicar a limitar los sueldos de los banqueros a partir de ese momento: «El Gobierno está convencido de que su misión no es fijar los sueldos del sector privado, en absoluto». Su obligación y lógicamente la del supervisor, añadí, «es que aquellas entidades de crédito que han recibido ayudas públicas tengan unas retribuciones que garanticen que las finalidades de dichas ayudas públicas se acaban cumpliendo y que sean un ejemplo para una sociedad que en estos momentos está sometida a tiempos difíciles».

La cohabitación

El otro frente que se abrió prácticamente desde el principio era el de las relaciones entre el Ministerio y el Banco de España. Que la cohabitación con Fernández Ordóñez no sería fácil ya lo podíamos suponer. Aseguré, sin embargo, que íbamos a respetar el Estatuto de Autonomía del Banco de España respecto del agotamiento del mandato del gobernador, en junio de 2012. «¿Tiene algún reproche que hacer al actual gobernador sobre esa falta de supervisión en esos sueldos y esas pensiones que se han dado en etapas anteriores?», me preguntó un periodista. «El Gobierno no tiene reproches, actúa», le contesté (rumores en la sala).

El 16 de febrero me enfrenté a la primera convalidación de un real decreto-ley en el Congreso y cosechamos un amplio apoyo. Un éxito desde el punto de vista político, ya que el PSOE votó a favor, junto con CiU y la abstención del

PNV. Valeriano Gómez (PSOE) y Vicente Martínez-Pujalte (PP) hicieron un buen trabajo en la trastienda para lograr el acuerdo. Lo agradecí al señalar que «contar con un consenso amplio es fundamental en un entorno complejo de crisis de deuda en la zona euro».

La situación, en efecto, se estaba complicando mucho. En uno de esos encuentros paralelos en la reunión de Davos a finales de enero de 2012, nos vimos la directora del FMI, Christine Lagarde, el comisario Rehn, Geithner, Baroin, Schäuble y yo en el Hotel Belvedere de la ciudad suiza. De aquel encuentro recuerdo las dudas que nos transmitió el secretario del Tesoro de Estados Unidos sobre el futuro del euro. Nos preguntó si seríamos capaces de mantener la integridad de la moneda en un contexto de debilidad económica e incluso institucional y con varios países rescatados. Respondimos afirmativamente, y es verdad que visto desde la perspectiva de hoy, el riesgo era muy alto, pero a la postre fuimos capaces de preservar el euro e incluso de fortalecerlo.

Las dudas de Geithner se derivaban de que la zona euro estaba inmersa en una crisis de deuda consecuencia de las operaciones de salvamento de entidades financieras. Los Tesoros públicos habían salido al rescate —con diferentes fórmulas— de los bancos irlandeses, franceses, británicos, alemanes, españoles... En la misma onda de preocupación, el FMI apuntaba en su World Economic Outlook (WEO) de enero de 2012 el riesgo de «retroalimentación» entre la crisis soberana de la Eurozona y las dificultades de financiación de los bancos. La crisis «europea» se podía contagiar a Estados Unidos y Japón a través del comercio internacional y de la volatilidad de los mercados de capitales.

El FMI fue pesimista en ese informe sobre la evolución de la economía mundial, muy negativo con la zona euro y desolador respecto de España. Rebajaron sus previsiones de forma drástica y prácticamente en todas las áreas mundiales tanto para 2012 como para 2013. Respecto de lo que pensaba en otoño de 2011, el FMI creía ahora que el PIB de la eurozona iba a caer el 0,5 % (1,6 puntos menos). A España le aplicaba un recorte nada menos que de 2,8 puntos por considerar ahora que la economía se iba a contraer el 1,7 % en la media anual de 2012... Y se quedaron cortos.

En aquel momento me pareció injusto que el FMI pusiera tanto el foco en España. El Gobierno español ya había hecho el primer ajuste fiscal y el propio organismo advertía de que las medidas de consolidación tenían un efecto contractivo. Ya se sabe, lo que es bueno para el hígado es malo para el riñón, y viceversa. En ese informe de enero de 2012, el FMI lo pedía todo a la vez, pero mi sensación durante los primeros años de Legislatura era que me tenía que mover siempre dentro del mal menor.

Incluso teníamos presiones para ir más allá en el ajuste fiscal. Por ejemplo, el Banco de España, en su boletín de enero de 2012, pedía medidas adicionales para reducir el déficit público en casi 40.000 millones de euros (del 8 % del PIB al 4,4 % en 2012). En su opinión, la economía española iba a caer ese año un 1,5 % y señalaba un «grado de incertidumbre» muy elevado «por la compleja situación que atraviesan los mercados financieros, tras el recrudecimiento de la crisis de la deuda soberana». Para llorar.

No hubo tregua para nosotros en aquel arranque de año. Una semana antes de conocerse el WEO del FMI, la agencia de calificación Standard & Poor's cumplía la amenaza y rebajaba de golpe la calificación de nueve países de la zona euro. En el caso de España, nos situaba al borde del bono basura, dos escalones por debajo de lo que teníamos hasta esa fecha y nos ponía en perspectiva negativa. Era la sexta vez en los últimos tres años que la agencia degradaba a nuestro país y así continuaron, S&P y las demás, durante unos cuantos años más. El Gobierno de Zapatero había *heredado* la triple A en 2004; esta era la perspectiva.

Francia, degradada

Entre los países a los que S&P les quitó los galones en aquella noche de enero (en horario europeo) estaba Francia. La agencia le arrebató al país vecino la triple A, es decir, la máxima calificación de la deuda a largo plazo, y la desplazó del pódium, que solo mantuvieron en aquel momento Finlandia, Holanda y Alemania. El presidente Sarkozy (en año electoral) reunió de urgencia a su Gobierno, aunque la reacción fue relativamente serena. La portavoz aseguró que «el Gobierno trabaja para los franceses» y «Francia es un valor seguro y reembolsará sus deudas». Así de mal estaban las cosas.

La justificación de la rebaja masiva de S&P era un misil contra la zona euro que llevaba una importante carga política. La decisión se debe «a que las medidas económicas y políticas acordadas por los principales líderes europeos son insuficientes para hacer frente a las tensiones sistémicas a las que se enfrenta Europa». Y justificaba su afrenta a la *grandeur* en que los acuerdos del Consejo Europeo del 9 de diciembre anterior se basaban «en un reconocimiento únicamente parcial del origen de la crisis: que las actuales turbulencias financieras se derivan ante todo de los desequilibrios fiscales en la periferia de la eurozona».

Incluso el comisario Rehn llegó a calificar de «inconsistente» la decisión de la agencia estadounidense ya que, en su opinión, no tenía en cuenta las medidas «decisivas» que se estaban tomando en la eurozona como respuesta a la crisis. De aquella decisión de S&P se derivó un profundo malestar en las instituciones europeas con las agencias de rating. Hubo un fuerte movimiento a favor de limitarles la capacidad de maniobra, estableciendo, por ejemplo, fechas fijas para la publicación de sus informes.

Cuando la agencia degradó la deuda española ese mes de enero, apenas hacía dos semanas que habíamos aprobado el ajuste fiscal y sus efectos aún no se podían constatar. S&P nos metía en el saco de la crisis de la eurozona y nos señalaba especialmente por los desequilibrios estructurales entre ahorro e inversión, altos niveles de deuda externa a corto plazo, una carga de amortizaciones concentrada en la primera mitad de 2012 y el riesgo de unos elevados costes de financiación durante un período dilatado en el tiempo.

Casi un mes después, el 7 de febrero, comparecí por primera vez en la Comisión de Economía del Congreso, a la que he acudido regularmente, la mayoría de las veces a iniciativa propia. Allí constaté la «ralentización importante de nuestra economía», en la que «sin duda» ha influido la economía mundial. «Sin embargo, el impacto diferencial que ha sufrido nuestra economía hemos de buscarlo en nuestros propios desequilibrios y en que en los últimos años no se hayan acometido el conjunto de reformas estructurales vitales para corregirlos», afirmé en un intento de poner las cosas en su sitio y de explicar la necesidad de hacer reformas.

Después del ajuste fiscal y el Guindos I, el Gobierno aprobó el anteproyecto de Ley Orgánica de Estabilidad Presupuestaria y Sostenibilidad Financiera de las Administraciones Públicas el 27 de enero. Finalmente tuvo el visto bueno del Congreso y entró en vigor en abril de 2012. Era el desarrollo de la reforma exprés del artículo 135 de la Constitución que se acordó en 2011 entre el Gobierno de Zapatero y el PP entonces en la oposición. Suponía, sobre todo, reforzar la disciplina presupuestaria de las comunidades autónomas, aspecto que se completó después con medidas de asistencia financiera. Este asunto, como explicaré más adelante, nos trajo de cabeza hasta prácticamente el final.

La otra gran reforma fue la del mercado laboral. Fue esencial para darle la vuelta al problema del desempleo, el más grave desde el punto de vista económico, social y humano en España durante los primeros años de Legislatura, aunque ya venía de antes. Durante los peores años (2008-2013) se destruyeron en España más de 3,5 millones de empleos. El desempleo llegó a aumentar el 60 % en 2009, y la tasa de paro era del 11,3 % en 2008 y llegó a escalar hasta el 26,1 % en 2013. Terrorífico.

La ministra de Empleo, Fátima Báñez, llevó al Consejo de Ministros del 10 de febrero un real decreto-ley de medidas urgentes para la reforma del mercado laboral muy atinado. Lo habíamos debatido en profundidad en reuniones con el presidente, Montoro y yo mismo. El objetivo esencial fue introducir medidas de flexibilidad interna en las empresas para conseguir que el despido fuera la última opción en caso de dificultades. Se rebajó la indemnización por despido de los trabajadores fijos a 33 días por año trabajado y se limitó a 24 meses el encadenamiento de los contratos temporales, además de simplificar la tramitación de los Expedientes de Regulación de Empleo (ERE). Yo insistí en las medidas de descentralización de la negociación colectiva.

En torno a la reforma laboral se produjeron dos episodios como mínimo imprevistos. El primero me afectó porque en la sesión del Eurogrupo del 9 de febrero, las cámaras me cazaron diciéndole al comisario Rehn en los prolegómenos del Eurogrupo que el Gobierno español iba a aprobar una reforma laboral «*extremely aggressive*». El *robado* corrió como la pólvora en cuestión de minutos; se hizo viral, como se dice ahora. El sentido de la palabra *aggressive* en inglés es «ambiciosa», y eso era lo que quería decir. Pero los medios hicieron la traducción «lineal» y así quedó para la historia.

Al presidente Rajoy le pasó algo parecido cuando, por aquellas fechas, le dijo al primer ministro finlandés, Jyrki Katanien, que la reforma laboral «nos va a costar una huelga». Era lo que pensábamos, en este caso literal. Son gajes del oficio cuando uno tiene tanta exposición pública. Pero lo importante es que se hicieron tres reformas esenciales —la financiera, la fiscal y la laboral— en tiempo récord, y que eso sentó las bases de la recuperación económica. Costó más tiempo de lo que pensábamos, pero llegó.

4
EL RESCATE DE LAS COMUNIDADES

La creación del Fondo de Pago a Proveedores y el Fondo de Liquidez Autonómica

En los primeros días de 2012, el Gobierno de Mariano Rajoy preparaba las medidas de ajuste fiscal, el primer decreto de saneamiento de los bancos, la reforma laboral... pero un asunto todavía más urgente requería soluciones inmediatas. Los mercados se habían cerrado en los últimos meses de 2011 para algunos gobiernos regionales. Incluso había amenazas por su parte de no atender las obligaciones de pago a inversores y prestamistas. La sospecha de un volumen importante de facturas sin pagar, también en ayuntamientos, se había extendido y crecía sin aparente control. ¿Había que salir al rescate?

El marco era el de una economía en recesión, acumulación de desequilibrios, pérdida de competitividad, desconfianza... Las fuentes de financiación eran en general muy débiles porque nuestra economía también lo estaba. El origen nacional estaba identificado en la generación de una burbuja de crédito, asociada a un *boom* inmobiliario, que se desinflaba con rapidez. Las inquietudes se focalizaban en el sector financiero y en las Administraciones territoriales, muy especialmente en las comunidades autónomas, como me planteaban con insistencia los inversores internacionales en las reuniones (tensas) de aquellas fechas.

Había un problema de credibilidad en las previsiones de las cuentas regionales. Allí estaba la principal desviación en los objetivos de déficit con que nos encontramos. En el llamado *libro amarillo* de los Presupuestos de 2011, la anterior Administración socialista había previsto un déficit del 1,3 % del PIB para los Gobiernos autonómicos. Esta cifra representaba una pequeña parte del déficit estimado para el conjunto de las Administraciones Públicas (6 %) y suponía cierta reducción respecto de la cifra fijada para 2010.

Pero en los inicios de 2012 ya sabíamos que la desviación regional iba a ser muy importante. De hecho, la Administración central (incluida la Seguridad Social) cumplió de sobra el objetivo del 4,8 % (quedó en el 3,7 %) y los Ayuntamientos terminaron unas décimas al alza. El verdadero problema lo teníamos en las comunidades autónomas. La desviación se aproximó a los cuatro puntos del PIB, cerca de 40.000 millones de euros, lo que prácticamente representaba todo el exceso que se produjo en las cuentas públicas de 2011.

Los mercados (aquellos que prestan dinero a los Estados para pagar las pensiones, la sanidad o la educación cuando no se generan recursos suficientes y confían en que se lo devuelvan en los plazos acordados) preveían que se iba a producir ese desfase en las cuentas de las comunidades y —ya desde hacía meses— estaban muy recelosos. Pensaban que el gasto autonómico crecía como si no ocurriera nada a su alrededor, creían que el pinchazo de la burbuja inmobiliaria les iba a crear problemas de ingresos y, lo más grave, estaban convencidos que no se les estaba diciendo toda la verdad.

La manera en que las comunidades financiaban la caída de los ingresos y el creciente gasto planteaba muchas dudas. Recurrían de manera creciente a préstamos bancarios y a emisiones en los mercados de capitales en unas condiciones cada vez más duras en coste y plazos. Los bancos vieron un filón a base de aplicar elevadas comisiones, que luego se les volvió en contra... pero había que aprovechar el momento. Cuando se agotó incluso la financiación a corto, varias comunidades intentaron sobrevivir a base de estrangular a los proveedores, a quienes forzaban los plazos como primera opción y dejaban de pagarles después. Era una situación que venía de atrás pero que con la crisis se agravó.

Aquellos asteroides giraban de momento a cierta distancia, pero estaba claro que acabarían por caer sobre nuestras cabezas más pronto que tarde. Había que evitar el desastre, es decir, que se produjeran impagos en vencimientos del mercado de capitales y préstamos de bancos extranjeros y que ello se procesara como incumplimientos del Reino de España en última instancia. Había que conseguir, además, que las comunidades dejaran de asfixiar a los proveedores ante las restricciones de crédito para que el sistema no *gripara* por completo.

El primer asteroide en caer impactó en enero de ese primer año con un préstamo de la Comunidad Valenciana. A finales de diciembre de 2011, Valencia debía saldar un vencimiento de varios cientos de millones de euros. El Gobierno de la comunidad aseguraba que tenía caja suficiente, pero prefería pagar antes a proveedores (farmacias sobre todo). La amenaza de no afrontar ese préstamo, de hacer *default* por parte de una de las instituciones del Estado, se podía cumplir por primera vez en la historia de España.

Había que evitarlo porque no solo era perjudicial para Valencia, sino que arruinaba la reputación del resto de las comunidades y, en última instancia, la del Tesoro público. Estábamos ante una «cuestión de Estado» y el mensaje que lanzamos de manera insistente era que el Gobierno central no iba a dejar caer a ninguna comunidad autónoma. Había una garantía implícita (no explícita, no normativa) para las comunidades por parte del Tesoro; esa era la idea. La operación rescate de las regiones se ponía entonces en marcha en diferentes etapas, con instrumentos que en parte aún están vigentes y que fueron muy imaginativos y a la vez eficaces. Como casi todo en aquellos momentos, estoy seguro de que al menos evitamos males mayores.

La primera solución de urgencia fue la aprobación por el Consejo de Ministros del 3 de febrero de una línea de crédito ICO (Instituto de Crédito Oficial) por valor de 10.000 millones de euros, ampliable a 15.000 millones, para financiación directa de las comunidades autónomas, condicionada al cumplimiento de exigencias de disciplina presupuestaria. La línea ICO se instrumentó en dos tramos; el primero para deuda contraída antes del 1 de enero de 2012 (con vencimiento previo al 30 de junio de ese año) y el segundo era una línea de liquidez para pagar a proveedores.

Los dos fondos

Era el embrión del Fondo de Pago a Proveedores (FPP) y del Fondo de Liquidez Autonómico (FLA) después, que el Gobierno aprobó en la primera mitad de 2012 y que puso en marcha a partir de entonces. Estos dos instrumentos se diseñaron ya como estructurales. Los mercados sabían que el Tesoro respaldaba, obtenía financiación para las comunidades expulsadas del mercado y abarataba sus costes. Al tiempo, la economía real recibía una importante inyección de liquidez mediante el pago de las facturas que se encontraban en las denominadas cuentas *transitorias* o, en el peor de los casos, estaban *olvidadas* en los cajones.

Para las pequeñas y medianas empresas acreedoras de las Administraciones territoriales, el retraso en el cobro o directamente el impago era una situación dramática. Según datos del Banco de España basados en la contabilidad nacional, las obligaciones pendientes de pago en 2011 se elevaban a 87.300 millones de euros, de los cuales el 75 % era deuda comercial de comunidades y ayuntamientos. En un momento de restricción del crédito como el de aquel período, la situación podía ser mortal de necesidad para muchos de estos pequeños negocios, individuales o familiares en bastantes casos. Creo que ellos fueron los rescatados en última instancia.

El 24 de febrero de aquel inicio de Legislatura se aprobó el decreto que establecía el procedimiento para que las comunidades y ayuntamientos remitieran al Ministerio de Hacienda una relación certificada de las obligaciones pendientes de pago. Primero se incluyeron las facturas hasta el 31 de diciembre de 2011. Un año después, el ámbito territorial se extendió a mancomunidades y municipios del País Vasco y Navarra y se ampliaron los supuestos de aplicación. En una tercera fase se dio entrada también a las facturas anteriores al 31 de mayo de 2013. El objetivo era limpiarlo todo.

El sistema funcionó, pero a medida que pasaban los meses resultó que habíamos abierto unos cajones con doble o triple fondo. Las cifras fueron impresionantes: más de ocho millones de facturas pagadas y más de 190.800 proveedores que cobraron. Las comunidades con más empresas *atrapadas* fueron Valencia, Cataluña y Andalucía, por este orden. Ningún color político definitorio, por tanto. Más bien un esquema muy dependiente de la Administración central, con casi ninguna corresponsabilidad fiscal y un deficiente control y rendición de cuentas. El sistema sobrevivió razonablemente hasta que la crisis económica puso de manifiesto las debilidades. Lo que suele ocurrir cuando se retira la marea.

La responsabilidad de Hacienda era establecer los filtros para que el procedimiento fuera correcto, lo que supuso un gran reto de gestión. Por nuestra parte, teníamos que *levantar* 30.000 millones de euros para financiar el Fondo de Pago a Proveedores, una operación arriesgada en aquellos momentos, muy compleja de instrumentar y de un volumen extraordinario. Decidimos organizar un préstamo sindicado por ese valor (ampliable a 35.000 millones) en el que participaron 26 entidades financieras y que fue el mayor de la historia de España. Tuve que levantar el teléfono y hablar con los principales banqueros —Emilio Botín, Francisco González, Isidre Fainé y Rodrigo Rato— para animarles a que entraran en la operación, firmada en mayo de 2012.

Buena parte de esas facturas estaban en el balance de los propios bancos, por lo que estos tenían un claro incentivo para sumarse. Los cuatro grandes —Santander, BBVA, Caixa y Bankia— aportaron idéntica cantidad y por encima de la media, junto con el ICO. El coste de la operación se fijó en 115 puntos básicos sobre la deuda del Tesoro a los mismos plazos, lo que supuso una importante cesión por parte de las entidades respecto de su posición de partida. La negociación fue compleja pero encontramos la mejor solución. Los mercados estaban inquietos y si el Tesoro hubiera anunciado por aquellas fechas que necesitaba incrementar las emisiones de bonos, se habría lanzado la señal de dificultades aún más importantes.

La estructura del préstamo era difícil de instrumentar ya que había que encajar varias piezas en el puzle. El Tesoro, por ejemplo, tuvo que asumir la diferencia entre el plazo de cinco años que se comprometió con los prestamistas y el de diez años que se concedió a las comunidades y ayuntamientos para devolverlo. El tipo de interés se pudo considerar elevado, porque las condiciones de los mercados no eran las idóneas para llevar adelante una operación de ese tipo sin dejarse la piel a tiras. Nos movíamos, como nos sucedía prácticamente siempre por aquel entonces, hacia la búsqueda del mal menor.

Nos desquitamos en cuanto volvió un poco la calma, a finales de 2012. Tesoro preamortizó cerca de 12.000 millones del préstamo original y consiguió un ahorro de unos 1.000 millones de euros. La operación fue un golpe de efecto que no sentó muy bien en el sindicato de bancos por la minoración de ingresos futuros que les suponía. Según me contó después el equipo negociador de Tesoro, uno de ellos dijo: «Como responsable del banco [...] tengo que transmitiros nuestro descontento por esta preamortización, que no esperábamos, pero como español y contribuyente, estoy orgulloso de lo que habéis hecho».

Habíamos logrado que los asteroides siguieran en órbita y el Tesoro se financiaba relativamente bien en los primeros meses de 2012, aunque forzando bastante la máquina. Anunciamos una emisión neta de 85.800 millones de euros a medio y largo plazo para el conjunto del ejercicio. A finales de marzo se había emitido el 35 % de lo previsto para todo el año, un grado de cumplimiento alto con relación a lo habitual. Incluso, al poco de llegar la actual Administración, el 12 de enero de 2012, se llevó a cabo la subasta ordinaria más grande de la historia del Tesoro. El objetivo era emitir entre 4.000 y 5.000 millones y se colocaron casi 10.000 millones.

Pero no podíamos llamarnos mucho a engaño. Detrás de esas cifras impactantes lo que había sobre todo era un exceso de liquidez en los bancos derivada de las LTRO del Banco Central Europeo. Una situación que en aquel momento nos pudo venir bien, pero que no era sostenible en el tiempo y podía tener efectos indeseados. El Tesoro supo aprovechar aquellos momentos para llenar el granero ante la previsión de que el mercado se iba a poner más difícil para España. Es lo que realmente sucedió con especial virulencia en la Semana Santa de 2012, hasta bien entrado el verano... y bastante más allá.

Una vez puesto en marcha el Fondo de Pago a Proveedores había que establecer un mecanismo para dar liquidez a las comunidades ya que los mercados continuaban cerrados para muchas de ellas y los bancos les restringieron el crédito por el temor creciente a un impago. Había que abonar las nóminas, atender los vencimientos de deuda y mantener en funcionamiento los principales servicios públicos (sociales, sanidad y educación). El mecanismo de apoyo se denominó Fondo de Liquidez Autonómico (FLA) y se aprobó mediante real decreto-ley en julio de 2012.

Manejamos varias alternativas para su funcionamiento, teniendo claro que el primer mecanismo del ICO solo podía ser una solución de emergencia. Se estudiaron fórmulas como crear una Agencia que realizara emisiones, que las comunidades salieran al mercado con el aval del Tesoro o que este financiara directamente al FLA. Esta última era la opción más barata y la que elegimos al final. En aquellas fechas se analizó la posibilidad de lanzar los bautizados como «hispanobonos» que finalmente se descartaron por la oposición de Hacienda. El equipo de Montoro no quería meter a todas las comunidades, cumplidoras o no, en el mismo saco.

Estimamos que en ese primer año había que dotar el FLA con 18.000 millones de euros. Era una cantidad elevada pero manejable. Podíamos obtenerla en parte aumentando los objetivos de emisión bruta del Estado, otra parte se podía conseguir mediante la titulización de los derechos de Lotería y una última parte, utilizando la caja del Tesoro. Finalmente, no fue posible involucrar a Loterías en la operación porque Hacienda nuevamente se opuso y decidimos operar con una combinación de las otras dos opciones.

Al FLA se adhirió una mayoría de comunidades autónomas, aquellas que en principio tenían más dificultades. Arrancó con nueve de las 15 de Régimen Común: Andalucía, Asturias, Baleares, Canarias, Cantabria, Castilla La Mancha, Cataluña, Murcia y Comunidad Valenciana (con el tiempo se sumó Extremadura). Podían utilizar los fondos para atender vencimientos de deuda o financiar directamente el déficit (pagar nóminas y servicios públicos como sanidad y educación más asistencia social). A cambio, debían presentar planes de ajuste para cumplir los objetivos de estabilidad presupuestaria, es decir, para reducir el desfase entre ingresos y gastos.

La financiación se proporcionaba «caso por caso» y «vencimiento por vencimiento» mediante un contacto estrecho entre los funcionarios del Tesoro y los gestores de deuda de las comunidades. El sistema era voluntario, pero se produjeron algunas tensiones (las menos) porque el grado de colaboración era tal que algunos interpretaban que podía ser invasiva para la autonomía financiera. Tenían incluso que presentarnos por anticipado sus planes de tesorería mes a mes. Valencia, Andalucía, Castilla La Mancha... pero Cataluña fue la comunidad que protagonizó uno de los momentos más delicados en la implantación del FLA.

Era el verano de 2012, en plena tormenta financiera en España, y Cataluña tenía que hacer frente a un vencimiento de mercado de capitales. Pidió un anticipo al Tesoro y se lo facilitamos. Para nuestra sorpresa, un día antes de efectuar el pago, los responsables en la Generalitat nos dijeron que era posible que hubiera un impago porque había otras prioridades (farmacias y entidades de servicios sociales). La decisión era hacer *default* por razones que nos presentaron como políticas. Nos llegaron a decir que dejar de hacer frente a esos pagos era abonar el terreno para el independentismo, ya que cuanto más descontento social hubiera, mejor para los separatistas. Entonces gobernaba CiU en solitario en Cataluña. El asunto se resolvió gracias al sentido común que, con bastante dificultad a veces, suele casi siempre abrirse paso.

Frente a todo el ruido político con Cataluña, la colaboración con el exconsejero Andreu Mas-Colell ha sido continua. Nunca se han roto los puentes de diálogo. Siempre que he visitado Barcelona (y lo he hecho en bastantes ocasiones durante estos años) hemos tenido un rato para vernos. Es una persona dialogante y con profundos conocimientos, lo que facilita mucho las relaciones, sobre todo cuando los problemas arrecian. Por mi parte, nunca he pensado que Cataluña pudiera independizarse de España y así lo he trasmitido en mis reuniones con inversores internacionales. Ellos son bastante duros de pelar y no siempre te creen, pero en relación con Cataluña creo que están convencidos.

Soporte a Cataluña

Mas-Colell heredó algunos asuntos de difícil manejo que pudo encauzar gracias a que Cataluña se adhirió desde el primer momento al FLA. Me refiero a los llamados *bonos patrióticos* que emitió el *tripartito* (Gobierno de coalición entre el Partido Socialista, Esquerra Republicana e Iniciativa per Catalunya-Verds) por valor de 12.727 millones de euros. Los últimos vencieron en abril de 2014 y fueron cubiertos por el FLA desde 2012. El coste de esos bonos estaba totalmente fuera de lo razonable incluso para aquellos años, y las comisiones de los bancos eran muy elevadas también.

La cobertura dada por el FLA a los vencimientos de los mercados de capitales taponó una vía de agua, pero había otras. Tras los primeros años de funcionamiento del mecanismo, los bancos solicitaron que el FLA se hiciera cargo también de los vencimientos de los préstamos bancarios. Finalmente (en 2015) aceptamos asumir los vencimientos a más de un año, pero mantuvimos la exigencia de que se produjera la refinanciación de los préstamos a corto a tipos de interés razonables, para lo que fijamos un techo que bautizamos como «prudencia financiera» que se ha ido adaptando con el tiempo a las nuevas condiciones. Este asunto aún pende sobre unas cuantas comunidades, agobiadas por tensiones de tesorería, Cataluña y Valencia sobre todo, y para las que nuevamente el Gobierno central ha buscado soluciones. La enorme diferencia con respecto a aquellos tiempos es que los inversores ahora pagan al Tesoro por comprarle deuda a corto plazo.

Nuestro interés estaba en sumar a un mayor número de comunidades al FLA. No solo se trataba de proporcionar liquidez a las comunidades expulsadas del mercado y mantener los servicios esenciales, sino también de abaratar costes para el conjunto del sistema. Los objetivos de Estabilidad Presupuestaria o de déficit público acordados con Bruselas atañen a todas las Administraciones (Estado, Seguridad Social, Comunidades y Ayuntamientos) y lo que cuenta es la suma. El pago de intereses de la deuda es la tercera partida en importancia del Presupuesto, después de las pensiones y el desempleo, por lo que una buena gestión (como se hizo en los años posteriores con ahorro en intereses respecto del Presupuesto) es decisiva.

Las comunidades que no se sumaron en aquel momento al FLA era porque consideraban que las estigmatizaba. No todas tenían cerrado el mercado, es verdad, pero las que conseguían hacer alguna emisión pagaban precios indecentes. Por eso decidimos, al poco tiempo de poner en marcha el FLA, aplicar también a las *no* FLA los criterios de «prudencia financiera», un invento de Tesoro que nos ha dado mucho juego. Decidimos un año después limitar el tipo de interés (entre 100 y 200 puntos básicos sobre el tipo de emisión del Tesoro) al que las comunidades podían captar fondos, con gran enfado por parte del presidente de Madrid, Ignacio González. Nos dijo que eso significaba expulsarlos del mercado, aunque luego se benefició del límite y logró financiarse más barato.

Todas las comunidades acabaron bajo un paraguas u otro. Al FLA le siguió dos años después la llamada Facilidad Financiera (2015), un tercer mecanismo dotado en principio con 11.336 millones de euros destinado a las comunidades autónomas teóricamente cumplidoras. Ese año se sumaron las restantes (salvo País Vasco y Navarra), en especial Madrid, que había sido la más reticente, ya con Cristina Cifuentes como presidenta. Madrid afrontó con su adhesión a este tercer fondo el pago a 2.000 proveedores de 130.000 facturas y financió un déficit pendiente desde 2011 de 1.012 millones de euros. El contexto de tipos de interés había cambiado por completo en España, y pudimos ofrecer financiación a coste cero a las comunidades adheridas y sin condicionalidad añadida.

Como ocurrió después con el sector financiero, el rescate de las comunidades y ayuntamientos está detrás del giro que se le ha dado a la economía española, con mucho tiempo y esfuerzo. Entre los tres mecanismos (Pago a Proveedores, FLA y Facilidad Financiera) se movilizaron 123.510 millones de euros entre 2012 y 2015. Esa cantidad explica parte del importante aumento de la ratio de deuda pública sobre el PIB en estos años, igual que ha sucedido con el préstamo para la recapitalización del sector financiero. El lado positivo es que las comunidades redujeron a más de la mitad el desequilibrio fiscal, hasta el 1,7 % del PIB en 2014, y que los bancos vuelven a dar crédito.

De todos los recursos movilizados, Cataluña ha absorbido el 33 % en estos cuatro años. La que más. Por tamaño y por riesgo. En total, 46.400 millones de euros utilizados en el rescate de Cataluña hasta 2015. ¿Cuánto le hubiera costado al Gobierno de la Generalitat financiarse por su cuenta, si es que hubiera podido? Estimamos que, con el apoyo del Tesoro, el ahorro en intereses ha sido de 13.500 millones de euros. También, lógicamente, es la comunidad que más se ha beneficiado en este aspecto. El denominado *problema catalán* va mucho más allá de las cifras, pero creo que es importante no olvidarlas. Muchas veces me han preguntado por qué «estas cosas no se explican más».

No puedo decir que hayamos resuelto al 100 % los problemas. Incluso este año, 2016, la Comisión Europea nos ha señalado el déficit de las comunidades como principal elemento de preocupación. Con todas las comunidades sin excepción optamos durante estos años por trabajar de manera conjunta y ser solidarios. Podíamos haber hecho una excepción con Cataluña. Le podríamos haber vuelto la espalda por la deriva independentista, como algunos aún exigen. Creo que habría sido un desastre en términos financieros; se nos habría vuelto como un boomerang. Lo más importante es que por encima de los políticos están los ciudadanos, y a ellos el Gobierno de España no les puede fallar.

5

BANKIA EN EL PUNTO DE MIRA

La crisis de la cuarta entidad financiera centra la preocupación de los organismos internacionales

Los países cuyos sistemas financieros se consideran sistémicos pasan cada cinco años una especie de ITV tutelada por el Fondo Monetario Internacional (FMI). España forma parte desde 2010 del grupo de 25 Estados que deben someterse de forma obligatoria al examen. Y como las *desgracias* nunca vienen solas, a principios de 2012, nada más llegar, nos preparamos para recibir a la misión del FMI que iba a llevar a cabo el chequeo a las entidades financieras. Pese a las dificultades del momento, el recuerdo de aquellos días me sugiere una frase que para mí es casi un lema: «La verdad os hará libres».

El informe en cuestión se llama FSAP (*Financial Sector Assessment Program*) y consiste en que un grupo de técnicos del FMI se reúne con las entidades financieras, los supervisores y las autoridades durante dos o tres semanas. Analizan la solvencia de los bancos para determinar cuál es su nivel de resistencia ante escenarios adversos, en qué aspectos son vulnerables, la capacidad de respuesta y el funcionamiento y eficacia de los vigilantes del sector (en ese momento para la zona euro, todavía eran los bancos centrales nacionales).

El Gobierno de Mariano Rajoy había empezado a ejercer a finales de diciembre y solo un mes después, la delegación del FMI encabezada por la jefa de misión, Celya Pazarbasioglu, iniciaba la ronda de contactos en España. Acabábamos de instalarnos y ya teníamos unos invitados ¿molestos? dispuestos a revisarlo todo. Acabábamos de aprobar el primer decreto de saneamiento financiero (Guindos I) con los famosos 50.000 millones de aumento de provisiones... pero ¿era suficiente? Esa era la pregunta que flotaba en el ambiente.

Pazarbasioglu pidió reunirse conmigo. No es habitual que los ministros participen en los contactos previos a la elaboración de los informes. Más bien lo que hay son reuniones de los equipos técnicos. Así que nos temimos que la jefa de misión no tenía buenas noticias. La reunión se celebró el 15 de febrero en el Ministerio a última hora de la tarde. Pazarbasioglu acudió con su asistente, Li Lian Ong, y por nuestra parte me acompañaba mi jefa de Gabinete. En Madrid caía la noche, pero no tan rápido como nuestra moral al oír lo que nos iban relatando.

La jefa de misión, una experta funcionaria del FMI nacida en Turquía, tan correcta como implacable y buena conocedora del sector financiero, había hecho un trabajo muy fino... tan fino que al final acertó bastante en las cifras que luego tuvimos que manejar. Aquella reunión tenía un objetivo muy preciso: comunicarnos la gravedad de la situación de Bankia y la necesidad de actuar con urgencia. Nos ofreció ya en aquel momento reflejarlo así en el comunicado final, aunque sin nombrar a Bankia. La entidad, entonces presidida por Rodrigo Rato, era el principal problema del sector financiero en España; España se percibía como el gran riesgo para la zona euro; y la zona euro era el centro de gravedad de la crisis mundial. Así de fuerte.

Unos días antes se habían adoptado las primeras medidas

de saneamiento del sector financiero (Guindos I) que entonces consideramos ambiciosas. Pero los funcionarios del FMI nos habían puesto el foco ante una realidad peor de la que pensábamos y nos la presentaron como una especie de muñeca rusa. Bankia era el núcleo al que debíamos llegar si no queríamos ser el origen de un problema mayor. La entidad presidida por Rodrigo Rato era percibida como un coloso con los pies de barro, con un balance no creíble y una gestión no profesional.

¿Necesitábamos un Guindos II? ¿No bastaba con aumentar la cobertura de los activos inmobiliarios tóxicos del primer decreto? ¿Por qué seguían las dudas en el mercado? ¿No estaban ajustadas a la realidad las cifras que nos había proporcionado el Banco de España? ¿En qué nos habíamos equivocado? Las respuestas se resumen en que, en efecto, teníamos que ir más allá y provisionar también los activos inmobiliarios «sanos» porque el mercado no daba credibilidad al Banco de España sobre las cifras presentadas. Con la perspectiva actual, quizá deberíamos haber atajado el problema desde el principio y de un solo golpe. El resultado iba a ser el mismo, pero quizá habríamos ganado algo de tiempo.

Pero en aquel momento es verdad que solo teníamos la información que emanaba del Banco de España, porque nadie más podía proporcionar el mapa completo del sector financiero. El equipo de Fernández Ordoñez era más partidario de proceder de manera gradual y aquello condicionó nuestra actuación. Quizá había cierto mecanismo de defensa por su parte. Si el problema era de gran envergadura, como nos adelantaba el FMI, ¿qué se hizo hasta entonces cuando ya habían pasado casi cuatro años desde el inicio de la crisis financiera internacional? ¿Por qué se permitieron algunos saltos en el vacío como sucedió con Bankia?

Las dudas eran cada vez mayores en los mercados y entre nuestros socios europeos, por lo que decidimos actuar de nuevo y muy rápidamente. Vistos los acontecimientos posteriores, practicar la política del avestruz —como algunos querían— seguramente nos habría conducido al rescate completo de la economía española. Aunque las presiones para que España solicitara un programa completo a los socios europeos aparecieron unas semanas después, creo que las sucesivas medidas que tomamos desde el principio nos salvaron de caer en el abismo del rescate. Me esforcé mucho a partir de entonces en explicar que España no era Grecia, Irlanda o Portugal.

A UN PASO DE LA DEPRESIÓN

El contexto en que nos movíamos empeoraba por momentos en aquel primer trimestre de 2012. La situación económica era gravísima, mucho peor de lo que pensábamos al comienzo del año, y eso que ya entonces lo veíamos bastante negro. Los datos que íbamos conociendo eran los de una economía a un paso de la depresión. Este era otro argumento a favor de reforzar el saneamiento del sector financiero. Había que hacerlo más resistente ante una larga recesión que se podía agravar, además de proporcionar una alta dosis extra de credibilidad. Los mercados olían la sangre y no nos lo ponían nada fácil.

El 2 de marzo aprobamos el primer cuadro macroeconómico del nuevo Gobierno. Queríamos esperar al anticipo de las previsiones de primavera que la Comisión Europea hizo públicas en febrero. Teníamos un Presupuesto prorrogado para 2012 totalmente fuera de la realidad que no estábamos en la obligación de modificar. Pero preferimos adaptarlo a las nuevas circunstancias y poner cifras al descalabro. La Comisión Europea avanzó, entretanto, que esperaba para España una caída del PIB del 1 % de media anual en 2012, frente al aumento del 0,7 % que pronosticaba en otoño del año anterior. Ello en un contexto de revisión a la baja para toda la eurozona, que también entraba en recesión.

Apenas dos semanas después presentamos un cuadro macroeconómico cargado de pesimismo. En la rueda de prensa posterior al Consejo de Ministros de primeros de marzo califiqué nuestras cifras de «realistas» aunque en un momento posterior admití: «son datos malos». A continuación hice toda una declaración de principios: «Este Gobierno no va a generar nunca falsas expectativas que puedan defraudar después». Durante el año 2012, la economía española iba a sufrir un retroceso del 1,7 %; esta era la cruda realidad. Expliqué que nos arrastraba la inercia del pasado, aunque visto lo que sucedió después, estábamos ante una aceleración en la pendiente a la baja. Habíamos entrado en caída libre.

La segunda cifra era consecuencia de la caída del PIB pero mucho más dolorosa y difícil de asumir y comunicar. Sin esperar a que la prensa preguntara, lancé que esperábamos una destrucción de 630.000 empleos. Fue deliberado. Nadie debía acusarnos después de falsear la realidad, algo que había criticado con insistencia el PP desde la oposición al anterior Gobierno de Zapatero. Por otro lado, la prensa iba a hacer sus cálculos; luego, era mejor anticiparse. Mi experiencia de estos años es que jugar al escondite con la verdad («...os hará libres»), solo genera confusión e inquina.

Había que echarle mucho valor para salir con esta cifra a los pocos días de aprobar una reforma laboral profunda, que provocó la primera huelga general a este Gobierno a finales de ese mes de marzo. La prensa me preguntó si es que no confiaba en la eficacia de las medidas destinadas a dar la vuelta al mercado de trabajo. Buena pregunta... Expliqué que el impacto de esa reforma era gradual y que habría «cierta» repercusión positiva en los últimos meses de 2012. Me vino de perlas citar al Banco de España que, días antes, había explicado que, de haber aplicado tiempo atrás los mecanismos de flexibilidad introducidos en la negociación colectiva, habría en la actualidad un millón de personas menos en paro.

Si hubiéramos conocido entonces los resultados del primer trimestre, quizá habríamos sido aún más pesimistas. La economía española había entrado oficialmente y de nuevo en recesión al registrar dos trimestres seguidos en negativo (el último de 2011 y el primero del 2012). Las revisiones posteriores realizadas por el INE indicaron, sin embargo, que todo 2011 habíamos estado en recesión y que no se había producido recuperación apreciable alguna desde 2008. En un solo trimestre, el primero de 2012, se destruyeron 387.000 puestos de trabajo, en un año que terminó con más de seis millones de parados. Tampoco me lo esperaba.

En ese mismo Consejo de Ministros se aprobaron los objetivos de déficit y el techo de gasto, lo que junto con el cuadro macroeconómico es el primer paso que hay que dar para aprobar los Presupuestos. El ministro Montoro oficializó el objetivo del 5,8 % para el déficit del conjunto de las Administraciones Públicas en 2012 y fue presentado como un importante esfuerzo de ajuste respecto del 8,5 % entonces esperado para 2011. Y más en un contexto de «depresión» económica, según el término utilizado por el responsable de Hacienda en la rueda de prensa posterior al Consejo de Ministros de aquel 2 de marzo.

Un presupuesto de guerra

Las cifras eran prácticamente las de un Presupuesto de guerra. Crecimiento cero de los ingresos y caída cercana al 5 % en el gasto que incluía una reducción del 12,5 % en los Presupuestos de los distintos Ministerios. Las cifras suponían el encaje en el Presupuesto de las medidas de ajuste aprobadas en diciembre del año anterior. Pero iban un poco más allá en lo relativo al gasto — el ajuste total se elevaba a 15.000 millones de euros— sin afectar de manera adicional a los ingresos. Otra vuelta de tuerca en las cuentas públicas, que debían asumir en el volumen de deuda el nuevo mecanismo de pago a proveedores que se completó un poco más adelante con el FLA.

La cifra del 5,8 % de déficit requería una dura negociación con Bruselas. Un día antes, el jueves 1 de marzo, se había reunido el Eurogrupo en la *capital* europea. Yo intentaba convencer a los socios de la moneda única de que lo importante era que se midiera el déficit estructural. Para una economía como la española — que estaba en recesión— había que valorar el esfuerzo que supondría bajar al 3 % el déficit presupuestario estructural, el que no depende de una coyuntura adversa como la que atravesábamos. No quería poner sobre la mesa la cifra del 5,8 % aunque esa era mi aspiración. Suponía un respiro con respecto al 4,4 % pactado por el anterior Gobierno de Zapatero. Pero mi ataque por la banda terminó con un estrepitoso fuera de juego.

En el centro del campo, al presidente Rajoy le hicieron un pase que pretendía ser de gol y que acabó en tarjeta roja. Alguien desde Moncloa le recomendó que hiciese pública nuestra pretensión de conseguir un déficit del 5,8 % del PIB. Lo malo, con todo, no fue enseñar las cartas antes de tiempo, sino el argumento. En Bruselas, al término de una reunión del Consejo Europeo, el presidente respondía así a una pregunta sobre si la cifra estaba negociada con Bruselas: «No he consultado a los líderes europeos y a la Comisión se lo contaré en abril. Es una decisión de España». Estaba claro que al presidente no le habían orientado bien.

El asunto se trató en una reunión posterior del Consejo de Gobierno del Banco Central Europeo (BCE) en Frankfurt. Como ocurría de forma habitual por aquellas fechas, España era tema de debate. Según se nos informó después, varios de los miembros de la institución expresaron dudas sobre la voluntad de España de avanzar en el proceso de consolidación fiscal. Teníamos al BCE leyéndonos la cartilla con verdadera dedicación.

La foto que acabó en abrazo

Unos días después teníamos reunión del Eurogrupo en Bruselas. El presidente del club de los países del euro es una persona... cómo diría... expansiva. El día 12 de marzo a media tarde, Jean-Claude Juncker me esperaba dispuesto a saltarme a la yugular en cuanto me viera aparecer por la puerta de la sala de reuniones. Se acercó sin que le viera y me agarró del cuello con las dos manos. Me dio un susto de infarto, pero menos mal que reaccioné rápido con una sonrisa y un efusivo abrazo. Por la cara que le puse en un primer momento de sobresalto podría haber ocurrido cualquier desgracia. La imagen se repitió decenas de veces en las televisiones y al día siguiente fue portada de la prensa en medio mundo.

Juncker aprieta pero también ahoga... era la frase más

apropiada para lo que vino después en aquella sesión del Eurogrupo en Bruselas, quizá la más dura que recuerdo con España. Fui protagonista sin remedio de aquella sesión, en la que el enfrentamiento más tenso se produjo, como era de esperar, con Juncker. El episodio del tigre saltando sobre la presa al comienzo de la reunión no era nada en comparación con lo que me esperaba dentro. Solo encontré verdadero respaldo en mi colega alemán Wolfgang Schäuble.

El tira y afloja con la cifra de déficit como motivo de discordia acabó en mi negativa a aceptar las cifras que proponía Bruselas. No me quedaba otra que mantener el órdago que había lanzado el presidente. Amenacé a Juncker con pedir un informe jurídico que echara por tierra sus pretensiones. El envite me duró muy poco, lo que tardó el responsable jurídico del Eurogrupo en decirme que ni me molestara.

Juncker, un viejo zorro de la política europea, me aseguró que si lo hacía, enviaría una carta al presidente Rajoy quejándose de mi *rebeldía* y que la haría pública de manera inmediata. Esto ya no era una tentativa. El presidente del Eurogrupo empuñaba la espada contra los *incumplidores* del sur y hacía de España la víctima propiciatoria. ¿Había que presionar tanto a un país sumido en la recesión y con un Gobierno que batía récord de reformas en apenas dos meses? Todavía me lo pregunto.

Volví a casa con un ajuste adicional de 5.000 millones de euros bajo el brazo porque la Comisión finalmente nos fijó un déficit público del 5,3 % del PIB, medio punto menos que lo pretendíamos. Mantuvo el objetivo del 3 % para 2013, como finalmente tuvimos que reflejar en el Programa de Estabilidad que enviamos a Bruselas en abril de ese año. No era en absoluto creíble, pero daba igual. Era una cuesción casi de autoridad. Es verdad que España era percibida en aquellos momentos (y lo sería durante bastante tiempo más) como el mayor peligro para la estabilidad del euro. Estábamos bajos de defensas como para cambiar rápidamente esa percepción. No había artículo en la prensa extranjera que no nos lo recordara cada día.

El presidente italiano Mario Monti expresó muy bien cuál era el ambiente por aquellas fechas. «España está dando motivos de preocupación en toda Europa» ya que su situación económica amenazaba con provocar «un efecto contagio que podría extenderse por el continente». Quizá podía haber algo de rencor en el presidente italiano por aquello de lo que presumió el presidente Zapatero en 2008: España había efectuado el *sorpasso* en renta per cápita (y en fútbol) al tercer país de la eurozona. Creo que de verdad Italia empezaba a temer que si España era rescatada, ellos podrían ser el siguiente país en la lista. Italia siempre en el espejo.

Entre la aprobación del cuadro macroeconómico y el envío de los Presupuestos de 2012 al Congreso transcurrió todo el mes de marzo. En ese período hubo elecciones en Andalucía, las primeras regionales con el Gobierno del PP metido en la faena de ajustar el Presupuesto. En Bruselas no sentó bien el parón de casi un mes en poner negro sobre blanco los compromisos de reducción del déficit. Sonó a interferencia política. El PP resultó la primera fuerza, aunque perdió votos respecto de las generales, mientras que el PSOE sufrió un descalabro importante, pese a lo cual pudo seguir gobernando en Andalucía.

El ajuste era inevitable y había que seguir adelante porque, de lo contrario, la situación se nos podía ir de las manos. El 11 de mayo de ese año, el Consejo de Ministros aprobó el denominado Guindos II a la vez que anunció la intención de contratar dos evaluadores independientes para el sector financiero. El segundo decreto de saneamiento pretendía cubrir también los activos no problemáticos del inmobiliario mediante un aumento de las provisiones estimado entonces en unos 30.000 millones de euros que debía aplicarse también en 2012. Si lo sumábamos al Guindos I, el esfuerzo total era de unos 80.000 millones y la cobertura para el inmobiliario ascendía al 45 % de promedio, muy elevada para los estándares europeos.

Nuestro objetivo en aquellas fechas era *encapsular* las dudas sobre el sector financiero y poner cortafuegos. El problema era el inmobiliario y teníamos que limpiarlo de los balances de las entidades financieras para que, a su vez, el denominado riesgo soberano no acabara por contagiarse también, si es que no lo estaba ya. Pero los banqueros empezaban a ponerse nerviosos y a extender la especie de que el problema residía en Bankia y en unas cuantas cajas de ahorros, no en todo el sector. Pensaban que actuar con toda la artillería pesada tenía un coste no solo económico, sino sobre todo, reputacional. Era admitir que la manzana podrida había echado a perder a todo el cesto.

Había dos motivos para proceder de la forma en que lo hicimos: la contaminación del Tesoro y la falta de crédito. Lo expliqué durante la convalidación en el Congreso del Real Decreto Ley sobre Saneamiento y venta de los activos inmobiliarios del sector financiero. Fue a finales de mayo de 2012 y los ataques contra España arreciaban. «La zona euro y la economía española son centro de atención del mundo. Las dudas sobre la sostenibilidad del euro, sumadas a unas perspectivas de crecimiento poco halagüeñas, inciden negativamente en factores tan relevantes en este momento como el acceso al crédito y el coste financiero de la deuda», dije al inicio del debate.

«La incertidumbre sobre la solvencia del sistema financiero, así como la interdependencia entre la deuda pública soberana y el sector financiero son argumentos que pesan en los mercados a la hora de valorar la realidad española», añadí. ¿Se podían hacer distinciones entre entidades en este contexto? En absoluto. Quizá la percepción de la realidad era peor que la realidad misma porque los mercados son gregarios y poco sutiles. Algunas veces entran en una dinámica en la que solo ven las contraindicaciones de lo que haces. La manera de afrontarlo era que el Guindos II lo abarcara todo — lo malo y lo teóricamente bueno pero bajo sospecha— porque nadie estaba a salvo de las dudas y había que recuperar la confianza a marchas forzadas.

El Guindos II

El resquemor de los bancos se había infiltrado en los estratos políticos y no fue fácil la aprobación del Guindos II en un Consejo de Ministros de ambiente plomizo. De hecho, hasta la noche antes no lo tuve muy seguro. Tampoco el Congreso nos respaldó tan ampliamente como con el Guindos I. El PSOE se abstuvo (no votó en contra) tras un debate bastante agrio en el que aconsejé a su portavoz, de nuevo Valeriano Gómez, no mirar atrás para no convertirse en estatua de sal. Del debate me llamó la atención que el diputado socialista me pidiera que llegara hasta el Tribunal Supremo antes de pagar ni un euro de indemnización a directivos de entidades intervenidas o nacionalizadas. Le hicimos caso.

Pese a las reticencias, tanto el Gobierno como la clase política eran ya por entonces muy conscientes de los problemas. El conjunto del sector financiero en España estaba en plena digestión del estallido de la burbuja, tenía cerrados los mercados mayoristas de capitales por lo que dependía de la financiación del BCE, además de enfrentarse a una recesión muy larga. Ese era el panorama. La consecuencia era que el grifo del crédito estaba cerrado (caía a tasas superiores al 20 %) y tardó dos años más en volver a abrirse. No era suficiente con provisionar todo el inmobiliario porque había además un problema de credibilidad, por eso había que imponer medidas extraordinarias de transparencia.

En ese mismo Consejo de Ministros de primeros de mayo en el que se aprobó el Guindos II, anuncié que el Gobierno había decidido contratar a dos evaluadores independientes para hacer un análisis del conjunto de la cartera crediticia de los bancos en España. Una medida que tenía como objetivo «disipar cualquier duda, cualquier incertidumbre», como expliqué en la rueda de prensa. La decisión venía impulsada desde Europa, lo que nos evitaba tener discusiones sobre lo obvio.

El presidente del Consejo Europeo entonces, Herman Van Rompuy, se dirigió al presidente Rajoy, en nombre de José Manuel Durão Barroso, presidente de la Comisión Europea, y de Jean-Claude Juncker, presidente del Eurogrupo, para pedirnos una evaluación independiente del sector financiero español. Decidimos que, en lugar de un evaluador, fueran dos, tal era la situación de desconfianza a la que nos enfrentábamos.

Así se lo hice saber al gobernador del Banco de España en una carta fechada el 11 de mayo. «La situación de extrema gravedad y de serio peligro de inestabilidad de los mercados hace que la realización de los citados trabajos de evaluación independiente deba efectuarse con carácter de urgencia y en el menor tiempo posible, tal como ha demandado el Eurogrupo». Los resultados se presentaron, en efecto, un mes más tarde y fueron una primera prueba de resistencia *top-down* (de arriba abajo) de los balances de los bancos. A esta revisión le siguió otra más exhaustiva derivada del rescate bancario, que vino un mes después.

La tormenta —que duró todo el año 2012— descargaba ya con fuerza en el mes de mayo. Creo que lo describí con bastante exactitud a finales de ese mes en el Congreso, durante el debate del Guindos II: «Soy consciente de que estoy en el ojo del huracán, porque esto está en una situación difícil, de inestabilidad financiera, en la cual se interrelaciona el riesgo macroeconómico, el riesgo del euro, Grecia, la volatilidad, la prima de riesgo, los bancos, etcétera. Uno tiene de vez en cuando la impresión de que está jugando al ajedrez en partidas simultáneas y que además algunos de los de enfrente juegan bastante mejor que tú. Esa es la percepción que uno tiene, pero eso es lo que nos toca y ahí es donde tenemos que estar, y no tenga la más mínima duda de que bastantes de las partidas, de estas simultáneas, las vamos a ganar».

Cuando pronuncié esas palabras, Rodrigo Rato ya había dimitido al frente de Bankia y la entidad había sido nacionalizada.

6

LA DIMISIÓN DE RATO

El presidente de Bankia abandona el cargo y la entidad es nacionalizada

La X Legislatura vino marcada por el esfuerzo realizado para evitar el rescate de la economía española. Se consiguió el primer año y, a partir de entonces, una parte de mi tarea consistió en explicar de lo que nos habíamos librado. Pero si hay un asunto que me ha perseguido desde el principio —y del que aún queda tiempo para conocer el punto final— es Bankia. La entidad ha representado mucho lo que la crisis arrojó sobre la sociedad española. Una mala gestión económica con derivas políticas y judiciales, en un contexto de sufrimiento e incertidumbre para una parte importante de la población. Estas son las coordenadas del llamado *caso Bankia* que, desgraciadamente, no fue el único.

Hay bastante acuerdo en situar la denominada *fusión fría* de un grupo de cajas de ahorros en el punto de partida de los problemas posteriores de Bankia. El 29 de junio de 2010, el Banco de España comunicó la aprobación de un SIP (Sistema Institucional de Protección) o *fusión fría* formado por Caja Madrid y Bancaja más otras de menor tamaño que eran Caixa Laietana, Caja Insular de Canarias, Caja de Ávila, Caja de Segovia y Caja Rioja. Ese mismo mes se aprobaron otros tres SIP (Caixanova y Caixa Galicia, CAM, Cajastur, Caja Cantabria y Caja Extremadura y Caja Murcia, Caixa Penedés, Sa Nostra y Caja Granada).

Con la aprobación de estas cuatro fusiones, el Banco de España dio por «prácticamente concluido» el mapa del proceso de reestructuración de las cajas de ahorros en España. La afirmación se hacía en 2010 como respuesta a la crisis financiera internacional y para reabsorber los efectos del estallido de la burbuja inmobiliaria. Visto lo que ocurrió después, la fórmula resultó al menos insuficiente. El Banco de España hacía bastantes años que no lidiaba con una crisis financiera. La más reciente e importante fue la de Banesto a principios de los noventa. La institución tampoco contaba con un buen diagnóstico de la situación para darle una intensidad adecuada a lo que estaba ocurriendo y valorar las consecuencias.

Lo que sí se podía esperar del Banco de España era un conocimiento bastante exacto de la situación de las cajas de ahorros y, por supuesto, de todo el sector financiero. Tales mimbres no frenaron, sin embargo, la puesta en marcha de los SIP, como quizá habría sido aconsejable. Al contrario, el proceso de reestructuración pilotó sobre extrañas parejas y algunos matrimonios que ni siquiera podían calificarse como de conveniencia. Sobre el papel, el objetivo era ganar músculo financiero, economías de escala, optimización de la red... Criterios económicos que podían haber funcionado y que aspiraban a representar un cambio en la naturaleza de las cajas de ahorros, muchas veces cuestionada desde el exterior. Pero no fueron la solución y tuvieron un elevado coste para el contribuyente.

Habría sido un milagro que las cajas de ahorro hubieran sobrevivido a la crisis por su peculiar estructura, cerrada al escrutinio de los mercados e incomprendida en Europa.

Los problemas surgieron con la crisis, por el exceso de activos inmobiliarios en los balances en combinación con una gestión politizada. Una mezcla turbia que se debía aclarar. Hasta la fecha, el Ministerio de Economía a través del FROB ha enviado a la Fiscalía 47 expedientes por presuntas irregularidades vinculadas al inmobiliario en las cajas intervenidas o participadas, con un quebranto total para el erario público que estimamos en 3.600 millones de euros.

La idea del Banco de España era fusionar entidades sin tener en cuenta los territorios en la búsqueda de la eficiencia económica. Pero tampoco fue posible en algunos casos por la resistencia de los poderes autonómicos a perder el control sobre las cajas regionales. Las entidades, de hecho, estaban en manos de partidos y organizaciones sociales, y el *dueño* era la fuerza política gobernante en la comunidad. Con estos condimentos, el caldo de cultivo para lo sucedido después estaba servido.

El SIP liderado por Caja Madrid y Bancaja se aprobó en junio de 2010, unas semanas después de que el Gobierno de Zapatero lanzase las medidas de ajuste destinadas a frenar el acecho de los mercados y a responder a las exigencias de la Comisión Europea, el BCE y el FMI. Con la fusión de las dos entidades (más las cinco pequeñas), el Banco de España empezaba a dar respuesta a las inquietudes de los organismos internacionales respecto del sector financiero. Según el comunicado oficial, la operación cumplía los requisitos de «solidez y racionalidad económica» necesarios. El FROB inyectó 4.465 millones de euros en el SIP de Caja Madrid-Bancaja a través de participaciones preferentes convertibles. El coste para la entidad resultante de la fusión fue muy elevado (el 7,75 % a un plazo de cinco años) y prácticamente a fondo perdido, sin una estrategia para su recuperación.

Esta cantidad suponía cerca de la mitad del total de ayudas del FROB (casi 11.000 millones de euros) a entidades en procesos de fusión hasta aquel momento. A mediados de 2010, el Gobierno de Zapatero había tirado de chequera para evitar el hundimiento del sector, sin que los problemas —y la factura— dejaran de aumentar a partir de entonces. Según decía el Banco de España en aquellas fechas, «una vez concluido el nuevo mapa de cajas de ahorro en España, puede afirmarse que el sistema financiero español sigue manteniendo una posición sólida y solvente».

Pilotos en rojo

Volver a leer hoy aquellas conclusiones produce cierto escalofrío. Aunque el sistema financiero español estuviera entonces tan bien preparado como se decía, ¿realmente podía aguantar el deterioro económico tan profundo que se produjo en aquellos años? En 2009, la economía española cayó el 3,6 % y se destruyeron 1,36 millones de empleos. Fue el peor año de todos los que ha sufrido España en esta crisis. La economía perdía competitividad y en 2008, cuando comenzó la recesión, el déficit exterior alcanzó el récord histórico del 10 % del PIB. El déficit público se elevaba hasta el 11 % del PIB, el endeudamiento privado superaba el 200 % del PIB...

La situación de la economía en la última parte de la legislatura de Zapatero tenía todos los pilotos rojos encendidos, pero el sector financiero mantenía una posición sólida y solvente. «El Banco de España cuenta con una información amplia y detallada de las entidades españolas, obtenida en el ejercicio de su función supervisora que se desarrolla con intensidad y cercanía...» Pero solo un año y medio después, la institución dirigida por Fernández Ordóñez daba cuenta de un déficit de 50.000 millones de euros en provisiones al nuevo Gobierno de Mariano Rajoy. Este se veía forzado a sanear en solo un año todo lo que no se había hecho en la dirección correcta y con la intensidad necesaria en la Legislatura anterior.

Bankia fue el gran ejemplo de cómo los errores en política económica se acaban pagando caros. Porque la realidad es tozuda y hay combinaciones difíciles y otras imposibles. La de las entidades presididas por Rodrigo Rato y José Luis Olivas formaba parte de esta segunda categoría. Los dos habían sido personas de gran relevancia en el PP. Vicepresidente del Gobierno español en el caso de Rato y presidente y vicepresidente de la Generalitat Valenciana en el de Olivas. Los dos pasaron de la política a la presidencia de dos cajas de ahorro, Caja Madrid y Bancaja, muy deterioradas por el *ladrillo*, especialmente la valenciana. Vidas paralelas que no resistieron a la terapia de choque que se tuvo que aplicar a la entidad.

Después de la fusión vino la salida a Bolsa de Bankia como nombre comercial de las siete cajas fusionadas en el verano de 2011, propiciada por el Banco de España y el Gobierno de Zapatero. Otra huida hacia delante con un alto coste para el contribuyente y pendiente de los tribunales con 33 imputados (lo que ahora se denomina investigados). En este proceso, un hito ha sido la sentencia del Tribunal Supremo del 4 de febrero de 2016 que señaló la existencia de «inexactitudes» en el folleto de la OPS (oferta pública de suscripción) en que se basó la salida a Bolsa de Bankia. La entidad provisionó 1.840 millones de euros para hacer frente a las reclamaciones de unos 200.000 pequeños accionistas, a quienes se les ofreció en 2016 el pago automático por ventanilla y remunerado.

La opinión de los organismos internacionales llegó casi

un año después con el informe del Fondo Monetario Internacional (FMI) del que se publicó un avance el 25 de abril de 2012, ya durante el Gobierno de Rajoy. El FMI revisó todo el sistema financiero español y puso el dedo en la llaga de los problemas que arrastraba. Unos días antes, durante la asamblea de primavera del FMI en Washington, me reuní con su directora gerente, Christine Lagarde, con el comisario Olli Rehn, y con el secretario del Tesoro de Estados Unidos, Tim Geithner, por separado, y todos coincidieron en señalar el problema de Bankia como «el elefante en la habitación», según lo describió uno de ellos.

El informe del FMI reconoció el esfuerzo del Gobierno español por fortalecer al sistema financiero: «Los bancos más grandes —señalaba el FMI— parecen suficientemente capitalizados y tienen una alta rentabilidad para soportar un mayor deterioro de las condiciones económicas, pero las vulnerabilidades persisten en otros bancos que dependen del apoyo público, y el sector, considerado en su conjunto, permanece vulnerable a las distorsiones persistentes en los mercados de financiación». Con ello, el FMI respaldaba la decisión del Gobierno de exigir mayores provisiones a la banca por todo el activo inmobiliario, no solo el dañado, aunque empezaba a distinguir entre aquellos que podían afrontar la situación por sus propios medios (el 70 % del sector) y quienes necesitarían ayuda pública adicional.

La misión del FMI dirigida por Celya Pazarbasioglu explicaba que «en los últimos cuatro años, el sector financiero español ha sufrido una crisis sin precedentes en su historia» e indicaba la existencia de «debilidades en el marco regulatorio» y «una excesiva dependencia de la financiación mayorista». Tras las pruebas realizadas, el FMI concluyó que los bancos de mayor tamaño estaban suficientemente capitalizados y podían resistir el deterioro de las condiciones económicas. Luego había un grupo de diez bancos que habían recibido ayudas públicas y que podrían ser vulnerables. De ellos, cinco se habían fusionado con entidades solventes, tres estaban pendientes de subasta y dos habían remitido planes de negocio aprobados por el Banco de España.

«Con el fin de preservar la estabilidad financiera, es esencial que estos bancos y en particular el de mayor tamaño, tomen medidas rápidas y decisivas para fortalecer sus balances y mejorar su gestión y su gobierno corporativo.» La referencia indirecta a Bankia, sin nombrar a la entidad, estuvo en el punto de mira de la misión del FMI desde el primer momento. Casi dos años después del SIP con Bancaja del que iba a resultar una entidad *solvente y viable* (el tercer banco de España con 340.000 millones de euros de activos), el FMI, la Comisión Europea y Estados Unidos nos sacaban los colores por Bankia. Apenas medio año después de la salida a Bolsa de la entidad, la operación concebida como muestra de la confianza en la economía española había producido el efecto contrario.

Durante estos primeros meses de 2012, Rodrigo Rato vino a verme al despacho unas quince veces, la mitad de ellas solo. En uno de los primeros encuentros me informó del frustrado proyecto de fusión con La Caixa. El acuerdo consistía en que Isidre Fainé presidiera la entidad resultante hasta la jubilación y después Rodrigo Rato pasaría a ser el primer banquero de España. La operación se descartó por motivos que no se han terminado de aclarar, pero con el paso del tiempo, creo que quizá no hubiera conseguido más que agrandar el problema. Las dificultades de gobernanza en La Caixa tampoco debieron jugar a favor. Rato también planteó por aquellas fechas una fusión con Liberbank y Unicaja que tampoco salió adelante.

Bankia debía realizar un esfuerzo de saneamiento, como

el resto del sector financiero, en aplicación de los dos *decretos Guindos*. Las entidades tenían que presentar antes del 31 de marzo de 2012 sus planes para el cumplimiento del Guindos I, por el que aumentaron las provisiones para los activos dañados del sector inmobiliario hasta una cantidad global superior a los 50.000 millones de euros. El grupo BFA-Bankia entregó su plan al Banco de España con unas necesidades de provisiones adicionales por 3.396 millones de euros. El supervisor autorizó todos los planes, incluido en un primer momento el de BFA-Bankia.

Casi al final de la nota de prensa en la que el Banco de España daba cuenta de los planes, se explicaba que el saneamiento derivado del Guindos I se había realizado o se iba a realizar «sin dificultades» en la mayor parte de las entidades. Había otros casos en los que el cumplimiento de la norma «está previsto de manera más ajustada, pero con razonables posibilidades de poder afrontarse». En estos casos, el Banco de España «ha exigido medidas adicionales a las inicialmente propuestas y otras medidas de contingencia». Y si con ello no era suficiente, la entidad «siempre podrá solicitar al FROB las ayudas previstas...». Todo el mundo entendió la referencia a Bankia, pero sigue siendo un misterio por qué no se habló ya entonces más claro.

Curiosamente, la aclaración vino en una nota de prensa posterior del 9 de mayo, dos días después de la dimisión de Rodrigo Rato al frente de Bankia. En esa nota, el Banco de España señalaba que había analizado el plan de saneamiento de Bankia y que había requerido además a la entidad (ahora sí se la mencionaba) «medidas complementarias para racionalizar y fortalecer las estructuras de administración y gestión, aumentando su profesionalización, así como un programa de desinversiones». Concluía con la necesidad de «plantear la aportación de recursos públicos» y decía que «el relevo en la presidencia de Bankia iba orientado precisamente en la dirección señalada de profesionalizar la gestión del grupo».

Antes de ese relevo, el equipo de Bankia elaboraba y presentaba al Banco de España sucesivos planes para darle viabilidad a la entidad, incluidos los intentos de fusión. El último nos llegó por correo electrónico el domingo 29 de abril, como una copia de la documentación presentada al Banco de España dirigida a las personas de mi equipo —Miguel Temboury y Antonio Carrascosa— que tenían el contacto con la entidad. La clave de bóveda del conocido como *plan Rato* eran los 7.000 millones de euros que debía inyectar el FROB. Esta propuesta tampoco contó con el visto bueno del Banco de España y estaba, por otra parte, bastante lejos de lo que en el mercado se podía considerar suficiente.

Tampoco satisfacía al presidente del Banco Central Europeo (BCE), Mario Draghi, con quien tuve una charla en Barcelona. El jueves 3 de mayo, el BCE celebraba su Consejo de Gobierno en la capital catalana y en el cóctel previo a la cena oficial en el Palacio de Pedralbes, hicimos un aparte. Draghi no suele derrochar palabras: «Hay que actuar en Bankia», me dijo. A finales de ese mismo mes y ante el Parlamento Europeo, el presidente de la autoridad monetaria de la eurozona hizo una severa crítica de la gestión anterior de la crisis de Bankia y también la de la belga Dexia. Criticó a los Gobiernos y supervisores nacionales por subestimar los problemas, porque «luego al final todo el mundo acaba haciendo lo correcto, pero al coste más alto posible».

Un día después de la reunión del BCE en Barcelona, la entidad decidió enviar las cuentas de 2011 sin el informe del auditor con unos beneficios de 309 millones de euros (luego resultaron unas pérdidas de 3.030 millones). Muchas de las situaciones vividas con el caso Bankia fueron inauditas o sorprendentes. Que una sociedad cotizada entregara sus cuentas sin auditar a la Comisión Nacional del Mercado de Valores (CNMV)... No dábamos crédito. Que la auditora en cuestión hubiera dado por buenas menos de un año antes las cuentas del primer trimestre de 2011 que avalaron la salida a Bolsa y también las del primer semestre... Más chocante todavía. Por nuestra parte y con fecha 13 de junio de 2013, el Instituto de Contabilidad y Auditoría de Cuentas inició un expediente sancionador por las dos auditorías parciales de 2011 por falta de independencia, expediente que fue resuelto el 17 de septiembre de 2014 con una multa de 12 millones de euros.

La cena de los banqueros

Al día siguiente, el viernes 4 de mayo de 2012, reuní en el Ministerio a los presidentes de los cuatro grandes bancos españoles. El encuentro se produjo en la sala redonda donde solemos celebrar las reuniones que requieren cierto espacio, pero en las que también se puede conseguir cercanía. Tiene una mesa redonda de gran tamaño en la que caben una docena de personas, sin jerarquías. Es la sala donde celebramos los comités de dirección del Ministerio y que despierta cierta curiosidad porque en ella acordamos el rescate bancario, un mes después de aquel encuentro con los banqueros. A este le siguió otro, dos días después, el domingo 6 de mayo, ambos a última hora de la tarde. No hubo cena formal.

La reunión del 4 de mayo estaba convocada para explicar a los principales actores del sector financiero en España las medidas de saneamiento adicionales contenidas en el denominado Guindos II. Para los bancos suponía no solo un esfuerzo añadido con repercusión en la cuenta de resultados y en los accionistas, sino también la necesidad de cubrir los activos inmobiliarios considerados no problemáticos. Si ya el Guindos I había representado la ruptura con una política anterior que se negaba a ver los problemas, el Guindos II proporcionaba una vuelta de tuerca. Emilio Botín (Santander), Francisco González (BBVA), Isidre Fainé (La Caixa) y Rodrigo Rato (Bankia) estaban aquella tarde sentados a mi alrededor tomando un modesto tentempié y hablando de miles de millones de euros difíciles de digerir.

Casi al final de la reunión, Rodrigo Rato me pidió que convocase otra vez a los banqueros para hablar exclusivamente de Bankia y las repercusiones en el sector financiero en su conjunto. Se comprometió, además, a presentar un nuevo plan. Quedamos el domingo 6 de mayo a la misma hora en el mismo sitio. A lo largo de dos horas, Rato explicó su plan y escuchó las intervenciones de los banqueros, la más dura, la de Francisco González. A González le apoyó Emilio Botín, ante un Fainé tibio. El plan de los 7.000 millones de euros de inyección pública era insuficiente porque el *agujero* de Bankia era más grande, según la opinión dominante. La situación de la entidad había que arreglarla con urgencia porque afectaba a la credibilidad de todo el sistema financiero. Esta era la sentencia, expresada o aseverada, de los presentes y que reflejaba con exactitud lo que estaba en el ambiente de los mercados.

La reunión terminó al filo de las 10 de la noche y cuando yo estaba a punto de salir, me llama Rato y pide volver a verme, esta vez a solas. Le explico que la situación ha llegado a un límite y que habría que convertir la preferentes en manos del FROB (los 4.456 millones inyectados en la fusión con Bancaja) en capital. Me responde que ello supondría la nacionalización de la entidad y entonces insinúa que está pensando en dimitir. Al día siguiente, lunes 7 de mayo, me llamó desde el coche camino de La Moncloa para decirme que iba a presentar la dimisión al presidente del Gobierno. Me pide que hable con José Ignacio Goirigolzarri porque, antes de aceptar, quiere que el Gobierno le dé el visto bueno a su sustituto al frente de Bankia.

Rodrigo Rato había sido mi jefe durante el Gobierno de José María Aznar cuando fue vicepresidente segundo y ministro de Economía hasta 2004. Trabajé con él varios años como secretario de Estado de Economía en momentos tan importantes para España como el de la incorporación al euro. Me reunía muchas veces con él en el mismo despacho en el que yo le recibiría años después durante aquellas tensas semanas previas a su dimisión al frente de Bankia. Era una sensación extraña, quizá incómoda. Rato seguía siendo una persona muy relevante en el PP e incluso aspiró en algún momento a ser presidente del Gobierno.

A medida que se producían los acontecimientos, él mismo se dio cuenta de que no podía presidir una entidad nacionalizada por un Gobierno del PP. No tenía un pase. Esta fue la verdadera razón de que presentara la dimisión, curiosamente a Rajoy, en lugar de hacerlo ante el Banco de España, como hubiera sido lo procedente para cualquier presidente de una entidad financiera. Pero Rato no era un banquero al uso, seguía siendo un político y como tal se comportó en aquellos días finales al frente de Bankia. ¿Puede un político presidir un banco? La condición es que lo dirija como tal, y Rato no lo entendió así. Tardó tiempo en darse cuenta de que debía profesionalizar la gestión de la entidad.

Al día siguiente de presentar la dimisión al presidente Rajoy, Rato me llamó por la mañana para hacerme una nueva propuesta. Me explicó que había pensado en aplazar su renuncia hasta la junta de accionistas de Bankia que debía celebrarse un mes después. La propuesta era nombrar de inmediato a Goirigolzarri vicepresidente y consejero delegado para que después pasara a ser su sustituto. Tampoco daba crédito. Le pedí que convocase al día siguiente el consejo de Administración para dimitir sin más regates.

Rodrigo Rato hizo pública entonces la carta de dimisión al Consejo en la que aseguraba que Caja Madrid había liderado con éxito «la mayor operación de integración financiera de España» y que Bankia había protagonizado «la mayor OPS [salida a Bolsa] del año 2011 en todo el sistema financiero mundial». Es curioso como la perspectiva puede cambiar la percepción de las cosas. Pienso que esos dos hechos habían sido determinantes en la mayor crisis de una entidad financiera en España.

Los salvavidas del gobernador

Fernández Ordóñez fue una figura clave en los acontecimientos de Bankia, que acabaron en la nacionalización y con una factura de más de 21.000 millones de euros. En algún momento incluso lanzó un salvavidas a Rato con la oferta de dejarle como presidente sin funciones ejecutivas, con un consejero delegado con plenos poderes. Goirigolzarri era el candidato, pero no aceptó el juego. Ese grado de implicación por parte de Fernández Ordóñez, tanto en la fusión de las siete cajas como en la salida a Bolsa de Bankia, quizá le impidió ver con claridad el problema al que nos enfrentábamos. Por mi parte, creo que si hubiéramos seguido mareando la perdiz, si no hubiéramos actuado con rapidez, España habría sido rescatada.

El colofón de la historia es que durante esos días no solo se produjo la dimisión de Rodrigo Rato. El 29 de mayo, el gobernador del Banco de España, Miguel Ángel Fernández Ordóñez, anunció su cese a partir del 10 de junio, un mes antes del cumplimiento de su mandato. Se lo había comunicado esa mañana al presidente Rajoy y las razones parecían lógicas. Argumentó que el Banco de España había aprobado las cuentas de 2011 y que se abría una nueva etapa. Los bancos tenían que presentar sus planes para cumplir el Guindos II y había que poner en marcha los trabajos de los dos evaluadores independientes antes del verano. Un mes era poco tiempo para gestionarlo todo. Pero la verdad es que la situación era insostenible, como me argumentó el entonces principal banquero de España, Emilio Botín, cuando me planteó la necesidad de adelantar la salida de Fernández Ordóñez.

El 7 de junio de 2012, dos días antes de firmar el préstamo para la recapitalización del sector financiero español con los socios del Eurogrupo, acudí al Congreso para anunciar el nombre del nuevo gobernador. Era Luis María Linde. Mi candidato tenía el apoyo del ministro Montoro, pero el presidente Rajoy había puesto otro nombre sobre la mesa. El presidente aceptó nuestro criterio. Argumentamos que era mejor nombrar a alguien que provenía del propio Banco de España.

«El momento es difícil, el momento es complejo, el momento es sin duda delicado —dije a los diputados de la Comisión de Economía—. Por eso hemos buscado a una persona con experiencia, con bagaje, con conocimiento de la casa, con conocimiento internacional...» Entonces yo ya sabía que el sábado 9 de junio de 2012 a primera hora de la tarde tenía una cita importante con los socios del Eurogrupo. Pero no estaba seguro de cómo terminaría.

7

EL RESCATE DE LOS BANCOS

Las negociaciones con el Eurogrupo para la asistencia al sector financiero español y la puesta en marcha de las reformas acordadas

El mes de mayo de 2012 viví prácticamente en el Falcon. A la vuelta de la Asamblea de Primavera del FMI y del Banco Mundial en Washington, fui varias veces a Bruselas y de ahí a Milán, Frankfurt, Londres y París. El «avioncito», como lo llamamos coloquialmente, tiene la ventaja de que te permite aprovechar muy bien el tiempo. Y tiempo era lo que más necesitaba en aquellos momentos. Tenía que negociar con los socios europeos un programa de asistencia bancaria a contrarreloj porque, si no ponía un cortafuegos, España se veía abocada al rescate completo. El tic tac de los mercados, con la prima de riesgo en escalada, era la música de fondo.

Durante los primeros meses de 2012 estuvimos sometidos a un sobresfuerzo extraordinario en cuanto a la aprobación de medidas para reconducir la grave situación. Un primer plan de ajuste presupuestario con subida de impuestos, la reforma laboral, la Ley de Estabilidad Presupuestaria, el rescate de las comunidades autónomas y los dos decretos de saneamiento financiero. A pesar del maratón reformista, tuvimos que pedir el rescate para los bancos y a punto estuvimos de necesitar ayuda como país. Mientras, el deterioro económico avanzaba y los datos de desempleo caían como un mazazo tras otro sin dar tregua.

La cuestión era cómo cambiar la dinámica perversa en la que estábamos. Había que diseccionar bien los problemas y saber hasta dónde podíamos llegar. Desde el principio lo enfoqué como una cuestión de credibilidad. Para recuperar la confianza perdida era necesario hacer reformas intensas, pero la prioridad y lo más complejo era actuar sobre el sector financiero en su conjunto. Teníamos que aplicar un tratamiento de choque y evitar que el daño causado por la burbuja inmobiliaria y de crédito sobre las entidades financieras hiciera metástasis en el Tesoro público y agravara el colapso económico por la falta de crédito.

A veces, un solo gesto es capaz de cambiar las percepciones, algo generalmente muy difícil de modificar. La salida de Rodrigo Rato de Bankia, por ejemplo, fue interpretada como una señal de que el Gobierno iba en serio con el sector financiero. Que no actuábamos movidos por otro criterio que no fuera el interés general, al margen de la relevancia de las personas. El nombramiento de José Ignacio Goirigolzarri, un banquero con amplia experiencia y en retiro prematuro, se percibió como el paso decisivo para profesionalizar la gestión de las cajas de ahorro, uno de los puntos débiles del sistema. Era vital abrir una nueva etapa y, pese al coste personal de algunas decisiones, había que empezar a cambiar el sentido de la ruleta. Nadie nos iba a pasar ni un solo error, esto también estaba claro desde el principio.

La credibilidad se tarda mucho en ganar y se pierde en un santiamén. Sabíamos que nadie creía las cifras del *agujero* de los bancos —algunos bancos de inversión llegaron a manejar hasta 300.000 millones de euros, es decir, casi todo el activo inmobiliario— y tuve claro, también desde el principio, que esa nebulosa solo podía despejarse con sobredosis de transparencia. «Este Gobierno consideró imprescindible desde el primer momento disipar de una vez por todas y de una forma contundente las dudas que desde fuera se tienen sobre la valoración de los activos del sistema financiero asociados al crédito promotor», expliqué después en el Congreso.

«El ejercicio realizado —añadí— no tiene parangón con ningún otro hasta la fecha, ni en España ni en los países de nuestro entorno.» Era la pura verdad. El FMI, los evaluadores Oliver Wyman y Roland Berger y las cuatro mayores auditoras de España realizaron un peinado de bancos y cajas por los cuatro costados. De arriba abajo y de abajo arriba, en situaciones extremas, con rapidez, independencia y neutralidad... El asunto estaba tratado con los dirigentes europeos y planteado a Mariano Rajoy por el presidente del Consejo, entonces Herman Van Rompuy, en nombre del presidente de la Comisión Europea, Durão Barroso, y el del Eurogrupo, Jean-Claude Juncker. Ellos pidieron un evaluador y nosotros contratamos dos.

«La situación de extrema gravedad y de serio peligro de inestabilidad de los mercados hace que la realización de los citados trabajos de evaluación independiente deba efectuarse con carácter de urgencia y en el menor tiempo posible, tal como ha demandado el Eurogrupo», escribí en una carta a Fernández Ordóñez el 17 de mayo de 2012. En ella pedía al gobernador que pusiera en marcha el proceso de contratación de los dos evaluadores independientes y de las cuatro auditoras. El calendario para la finalización de los trabajos «no será inferior a cuatro meses». El gobernador no llevó adelante el encargo porque dimitió de forma anticipada unos días después para dejarle la tarea a su sucesor, Luis María Linde.

En aquellos primeros días de mayo empecé a asimilar que difícilmente podíamos seguir adelante sin ayuda. No necesitaba esperar a las cifras exactas para hacerme una composición de lugar. Ya teníamos un avance del análisis del FMI y los posteriores de los evaluadores y auditoras fueron útiles para diseccionar cada entidad y saber dónde, cómo y cuánto teníamos que actuar. Nos permitieron también lanzar el mensaje de que no queríamos ni íbamos a esconder nada y que con ello marcábamos una diferencia respecto del pasado. Pero prácticamente desde el principio ya sabíamos que Bankia era el principal problema y que teníamos que ir pensando en una cifra total que podía acercarse a los 50.000 millones de euros.

¿No éramos capaces por nosotros mismos, sector público y privado, de cubrir esa cantidad? El colapso financiero durante buena parte de 2012 fue colosal y a escala europea. No había financiación privada nueva, salvo la derivada de las LTRO, cuyo efecto también se disipaba. El Tesoro público español debía financiar el abultado déficit, había puesto en marcha el Fondo de Liquidez Autonómico y el Fondo de Pago a Proveedores, debía afrontar vencimientos importantes en julio y, sobre todo, en enero de 2013... Y todo ello sin poder aumentar las emisiones por las dudas sobre la supervivencia del euro y el ataque de los mercados hacia el país que consideraban como el flanco más débil, España. En la Semana Santa de 2012, la prima de riesgo superaba los 400 puntos básicos... y creciendo.

Clima de desconfianza

A esos costes y con ese clima de desconfianza (la prima de riesgo cuantifica las probabilidades que te dan los inversores de que no devuelvas el dinero que te prestan en comparación con Alemania, el país cumplidor por excelencia) no había más remedio que coger el capote y salir al ruedo con el alto riesgo de salir corneado. El primer dirigente europeo con el que hablé de la posibilidad de un rescate bancario fue, precisamente, mi colega alemán Wolfgang Schäuble. Estaba en el Falcon listo para despegar en uno de los viajes intermitentes de aquellos días y me entró una llamada suya en el móvil. Me dijo que teníamos que explorar la posibilidad de una «asistencia financiera».

Hablé por teléfono después con el entonces secretario del Tesoro de Estados Unidos, Tim Geithner, con el comisario europeo Olli Rehn y con el presidente del BCE, Mario Draghi. En los días posteriores, tanto el presidente del Consejo Europeo en aquel momento, Herman Van Rompuy, como el presidente de Estados Unidos, Barack Obama, hablaron con Mariano Rajoy para que siguiéramos adelante. En ningún momento, ningún dirigente internacional nos planteó en aquella fase que España debía ir a un rescate completo como país. Todo estaba enfocado hacia los bancos en general y Bankia en particular.

Pudimos pensar entonces que empezábamos a dar la vuelta al cabo de Hornos, que con el rescate de los bancos, la situación iba a mejorar. Creo que, mirado con perspectiva, fue así. Pero aún teníamos por delante muchas horas de sufrimiento, mucho túnel que recorrer antes de ver la luz esa que dicen que hay al final. Algunas veces recuerdo el discurso de un premio Nobel que dijo que un economista nunca debería abandonar el estado de humildad, porque la realidad es mucho más compleja de lo que a veces nos imaginamos. Con el saneamiento y recapitalización de los bancos resultó, en efecto, que estábamos ante el principio del fin de nuestros problemas. Pero en aquellos momentos, las decisiones eran muy difíciles de adoptar y de explicar a una opinión pública crítica con el rescate a los bancos.

El órdago

El 9 de junio de 2012 lo tengo marcado en el calendario como el día más trascendente de los que he vivido como ministro de Economía en la pasada Legislatura. Era sábado y en Madrid el verano había caído de repente, como todos los años. A las 15.00 tenía la *conference call* con los socios del Eurogrupo para cerrar el acuerdo de asistencia financiera. En realidad, casi todo estaba bastante hablado. Durante los días previos había intensificado los contactos bilaterales con los ministros de los principales países de la zona euro y con el comisario europeo de Competencia, en aquellas fechas el español Joaquín Almunia. Dos días antes, el 7 de junio, había tenido otra conferencia telefónica con el denominado *Washington Group* (los cuatro grandes países de la eurozona —Alemania, Francia, Italia y España—, más el FMI, el BCE y el presidente del Eurogrupo) para ultimar la estrategia.

Había bastantes detalles cerrados, pero estuvimos a punto de salirnos de la curva en más de una ocasión durante las más de dos horas que duró la multiconferencia. Cuando empezó, le daba un 60 % de probabilidad a que saliera un comunicado con el acuerdo y un 40 % a que rompiéramos la baraja. Tan en duda estaba el resultado que no convocamos la rueda de prensa hasta que terminó la reunión y estuvimos seguros al 100 % de que había fumata blanca. Incluso una de mis asesoras de Prensa se trajo provisiones porque pensaba que a lo mejor nos quedábamos acuartelados. Tal era la tensión con la que todo el equipo se enfrentaba al *día D* del rescate bancario.

En las negociaciones previas estaba bastante definido que había que pedir una cantidad suficiente que, por exceso, despejase todas las dudas. Una especie de *backstop* que lanzase el mensaje de que, por grande que fuera el problema, estábamos cubiertos. La cifra de los 100.000 millones la planteó el primer ministro italiano Mario Monti, que en aquellos momentos ocupaba también la cartera de Economía. En el comunicado final del Eurogrupo, la cantidad se explicó como suficiente «para cubrir las necesidades estimadas de capital, con un margen de seguridad adicional».

Durante la posterior rueda de prensa tuve que hacer equilibrios para no contestar directamente a la pregunta sobre la cuantía exacta porque nos habíamos comprometido a no decirla hasta que saliera el comunicado del Eurogrupo, lo que ocurrió durante la rueda de prensa. Un periodista me avisó sobre la marcha y entonces respiré con alivio. Mi preocupación era dejar bien claro que no era un rescate completo a España, al estilo de Grecia, Irlanda o Portugal, sino «un programa de asistencia financiera», destinado exclusivamente a los bancos. Un rescate bancario que me resistí a llamar como tal en un primer momento, pero que me sirvió de poco.

Me inquietaba más que ese «préstamo en condiciones muy favorables», como lo bauticé en la rueda de prensa, se pretendiera vincular al cumplimiento de una serie de condiciones en el ámbito macroeconómico. Es decir, que nos impusieran medidas de ajuste y una vigilancia de la troika (lo que incluía al FMI, la Comisión Europea y el BCE) sobre cuestiones al margen del sector financiero, como podían ser las pensiones o la prestación por desempleo. La presión fue tan fuerte que incluso estuvo a punto de hacer descarrilar el acuerdo del 9 de junio.

Durante la multiconferencia tuve dos oponentes, no diría que inesperados, pero sí inoportunos. El ministro holandés —del Gobierno conservador— y su colega finlandesa socialista jugaron fuerte con la idea de la condicionalidad macroeconómica. Yo no podía aceptar que a España le dirigiera la política económica, desde fuera, la troika en pleno porque hubiera sido tanto como ir al rescate completo pero sin dinero para tal fin.

Ahí me planté y dije que me levantaba de la mesa. Que si esto es lo que querían, solicitaba un programa completo para España por medio billón de euros y que después ya podían ir preparando otros 700.000 millones para Italia. Afortunadamente no veía las caras del resto de los ministros del Eurogrupo, pero sí observé cómo mis colaboradores (Fernando Jiménez Latorre, Íñigo Fernández de Mesa y Rosa María Sánchez-Yebra) presentes en la reunión se quedaban petrificados.

Un gran país

En plena batalla campal, el presidente Rajoy me preguntó por mensaje cómo íbamos. Le expliqué de manera telegráfica el lío que tenía montado y me contestó pidiéndome que aguantase el tirón porque «España es un gran país». Estoy convencido de que la mayoría al otro lado del hilo telefónico pensaba lo mismo, pero quizá su lectura era un poco distinta. Si España —un gran país, en efecto— entraba en un rescate completo, el proyecto del euro saltaba por los aires. La amenaza quedó bastante clara. *Too big to fail.*

Conseguimos que la condicionalidad se limitase al sector financiero y que el papel del FMI fuera de «apoyo» y «seguimiento», no de control. Y logramos eliminar del comunicado final la palabra «conectado» que fue sustituida por «en paralelo» y quedó así: «El progreso en estas áreas será revisado estrecha y regularmente *en paralelo* con la supervisión financiera». Objetivo cumplido, no podía dejar escapar ni un detalle.

Las «áreas» a las que se refería esta frase del comunicado

eran la reducción del déficit público y la corrección de los desequilibrios macroeconómicos, en los que España ya tenía compromisos previos con los socios europeos, es decir, el procedimiento por déficit excesivo y el denominado semestre europeo: «Más allá de la aplicación decidida de estos compromisos —señalaba el comunicado final—, el Eurogrupo considera que la condicionalidad de la ayuda financiera debe centrarse en reformas específicas destinadas al sector financiero, incluyendo los planes de reestructuración de acuerdo con las reglas de la UE sobre ayudas estatales y las reformas estructurales horizontales del sector financiero nacional».

Cuando ya estábamos a punto de levantarnos de la mesa (la misma mesa redonda de las reuniones con los banqueros, la misma sala circular de las grandes ocasiones), Finlandia pidió la palabra para apretarnos un poco más. Sin previo aviso nos exigió avales adicionales como condición para dar su apoyo al préstamo a España. Las garantías exigidas respecto de las cifras manejadas —700 millones de euros en el caso remoto de tener que utilizar los 100.000 millones— no eran importantes, pero sí podían entorpecer la aplicación de los compromisos porque requerían la aprobación previa del Parlamento finlandés. Lo salvamos también después, pero no fue agradable ni necesario.

Bankia nacionalizada

Cuando fui al Parlamento español a explicar el acuerdo apunté que «el Gobierno cuenta con el apoyo de nuestros socios europeos y de los principales líderes del mundo». Añadí que «la disponibilidad de financiación europea ha sido posible gracias a que se han realizado reformas de calado y a un esfuerzo de transparencia sin precedentes, que ha logrado el convencimiento unánime de nuestros socios acerca de nuestra voluntad y compromiso de avanzar en la solución de los problemas que aquejan a nuestro sistema financiero». Este pensamiento me dio la fuerza que necesitaba para vencer el vértigo que sentía ante el préstamo más grande que ha pedido España en toda su historia. Y con mi firma.

Lo que vino después tampoco fue un camino de rosas. Había que completar el proceso de nacionalización de Bankia, destituir al consejo y establecer un plan que encajase en el rescate bancario; había que esperar a los resultados de los dos evaluadores independientes y las auditorías para obtener la cifra de cada entidad y del sector en su conjunto, es decir, para delimitar lo que íbamos a necesitar de los 100.000 millones; teníamos que negociar con los socios europeos las condiciones a las que nos habíamos comprometido dentro del sector financiero para obtener el préstamo, más las características del propio préstamo...

De cada uno de estos pasos informé a la Comisión de Economía del Congreso y el Senado con un total de 8 comparecencias solo durante 2012, más las respuestas a las preguntas parlamentarias y la defensa de los proyectos de Ley en los plenos, como es obligado. Estoy agradecido, sobre todo a los diputados de la Comisión de Economía del Congreso, por el clima en general constructivo en el que se desarrollaron estas comparecencias en aquel año tormentoso.

José Ignacio Goirigolzarri asumió la presidencia de Bankia el 9 de mayo, tras aceptar la renuncia de Rodrigo Rato. Ese mismo día, los consejos de administración de Bankia y BFA acordaron solicitar al FROB la conversión de las participaciones preferentes en acciones ordinarias de la matriz de donde colgaba Bankia (BFA), por valor de 4.465 millones de euros. Esto supuso, en la práctica, nacionalizar la entidad, lo que se llevó a cabo cambiando deuda por capital, es decir, como el BFA no podía afrontar el pago de las participaciones preferentes, el FROB se lo cobraba en acciones.

A partir de esa inyección de dinero público, el Estado, a través del FROB, pasó a controlar el 100 % del BFA y alrededor del 45 % de Bankia (más tarde alcanzó el 64 %). En la nota de prensa en la que el Banco de España informaba de la operación el mismo día 9 de mayo, señalaba al final que «BFA-Bankia es una entidad solvente que sigue funcionando con absoluta normalidad y sus clientes y depositantes no han de tener motivo de preocupación». Seguíamos prácticamente al día los movimientos en las sucursales y no podíamos estar tranquilos. Era lo que, en el fondo, traslucía la nota del Banco de España.

La nacionalización implicaba el cambio en la gestión de la entidad, como es procedente y habitual en cualquier lugar del mundo, lo que empezó por su presidente, hasta entonces Rodrigo Rato. También se modificó el Consejo de Administración, formado hasta entonces sobre todo por políticos y sindicalistas, tanto de Bankia como del BFA. «Todos sus miembros serán profesionales de reconocido prestigio, reduciéndose el número de consejeros y optando por personas absolutamente independientes», anuncié en el Congreso.

En cuanto a los gestores, recalqué que el Gobierno quería «un equipo de gerentes profesionales de la banca con amplia experiencia en el sector y de reconocida reputación». Pretendíamos «facilitar una transición ordenada en la gestión de BFA-Bankia y permitir su enajenación en el plazo más breve posible, una vez saneada, con el fin de conseguir la recuperación de los fondos públicos invertidos en el grupo». Se cambiaron también los representantes en los consejos de las participadas por Bankia, en los que se había colocado a familiares, lo que me costó un disgusto con algún político afectado. Se sustituyeron por empleados de Bankia y los puestos en estos consejos dejaron de ser remunerados.

El nuevo equipo presentó un plan de saneamiento que requería una inyección adicional de 19.000 millones de euros de fondos públicos. Unos días más tarde, reformuló las cuentas de 2011 (el año de la salida a Bolsa) que pasaban de presentar unos beneficios de 309 millones de euros a unas pérdidas de 3.030 millones. Rato, en una carta sin firmar de tres folios distribuida en el Consejo de Administración de Caja Madrid a principios de junio (todavía presidía una de las entidades de las que colgaba BFA) en la que calificaba de «brutal» la inyección de dinero público solicitada, decía que era perjudicial para los accionistas por el efecto «dilutivo» y para el conjunto del sector financiero. Añadía que las pérdidas afloradas en 2011 «son contables y no reales».

Durante un tiempo circuló la especie de que si Rato hubiera recibido los fondos que obtuvo Goirigolzarri para sanear y recapitalizar Bankia, habría salido adelante. Creo que los acontecimientos posteriores dejaron bastante claro que los problemas no solo eran de cifras. Y en cuanto a los 19.000 millones, los informes de los evaluadores independientes señalaron que para BFA-Bankia, el déficit de capital oscilaba entre 13.230 millones de euros en un escenario favorable y 24.743 millones en el adverso. Creo que este era el camino y que una gestión profesional era lo que garantizaba la devolución al contribuyente de esas ayudas, un asunto que ha centrado el debate público estos años y que para mí es crucial.

Para el conjunto del sector, una vez analizados 14 grupos bancarios que representaban el 90 % del sector bancario, los evaluadores llegaban a los 62.000 millones en el peor de los casos. Los tres grandes bancos cumplían los requisitos de capital aún con un empeoramiento severo de la situación económica, y el problema se centraba en las entidades participadas por el FROB, sobre todo Bankia. Ya teníamos una aproximación bastante exacta de lo que necesitábamos pedir prestado a los socios europeos (menos de la mitad de los 100.000 millones de los que disponíamos) y teníamos que negociar un *Memorandum of Understanding* (MoU) con las reformas del sector financiero que nos comprometíamos a cumplir en un tiempo récord, antes de final de año.

Las condiciones del rescate

De las 32 condiciones acordadas, hubo algunas especialmente difíciles de negociar. Por ejemplo, el futuro de las cajas de ahorros. Nuestros prestamistas, la Comisión Europea sobre todo, querían una liquidación automática. Conseguimos cierta gradualidad en la constitución de fundaciones y la transformación en bancos. También en el régimen de incompatibilidades logramos un período transitorio para que los presidentes de las cajas optaran entre la fundación y el banco. El tratamiento a los preferentistas también nos costó modularlo. Aunque finalmente se establecieron quitas, pusimos en marcha en paralelo un sistema de arbitraje de forma que estos pequeños ahorradores, a quienes nunca se les debió colocar este producto complejo, recuperaron en su mayoría lo invertido.

El cambio más sustancial derivado del MoU fue la aprobación en el mes de agosto del Real Decreto de Resolución y Reestructuración de Entidades de Crédito. Con él se transformaba el FROB en la autoridad española de resolución de entidades. Se proporcionaban instrumentos eficaces y transparentes para llevar a cabo estos procesos, además de regular el siempre controvertido sistema de asunción de pérdidas. Esta norma fue pionera en el sistema que luego se implantó con la Unión Bancaria a finales 2012, el proyecto de integración europea más importante que se ha llevado a cabo después del euro. De hecho, nos inspiramos en los trabajos previos que los técnicos de la Comisión ya manejaban.

Nuestro compromiso era tenerlo listo el 31 de agosto, pese a que era una norma de una gran complejidad técnica. Acabó ocupando 61 páginas del BOE. La negociación con la Comisión fue intensa y un verdadero salto de obstáculos debido a las fechas en las que estábamos. Finalmente, la norma se aprobó en el Consejo de Ministros del viernes 31 de agosto. Para no pasarnos ni un día del compromiso, el BOE sacó ese mismo viernes una edición extraordinaria, situación que solo ha ocurrido dos veces en aquella Legislatura: la abdicación del Rey Don Juan Carlos y nuestro real decreto.

Con todos los compromisos se actuó con la misma intensidad y rapidez, incluida la constitución de Sareb a finales de 2012, el conocido como *banco malo*. Habíamos negado esta posibilidad varias veces con anterioridad, lo que no era más que una forma de reconocer que no teníamos dinero para su creación. Tras obtener la financiación europea, pudimos poner en marcha la sociedad para absorber activos inmobiliarios de las cajas en reestructuración por un total de 100.000 millones de euros.

Pedimos la «solidaridad» de los grandes bancos españoles y todos respondieron, con la excepción de BBVA. Hubo largas noches de negociación con los socios privados y varias veces estuvimos a punto de fracasar. Para las entidades que aportaron capital conseguimos que los bonos emitidos por Sareb fueran descontables ante el BCE, lo que supuso la posibilidad de obtener liquidez inmediata. Sareb fue un enorme reto de gestión por lo que supuso de análisis y valoración de miles de activos inmobiliarios. Pero también ahí cumplimos.

Quisimos tener un detalle con los negociadores de la Comisión porque las personas de mi equipo —el subsecretario Miguel Temboury y Jaime Ponce, actual presidente del FROB, por el Tesoro, sobre todo— habían convivido prácticamente con ellos cuatro días a la semana durante todo el verano de 2012. En septiembre de 2012 les organizamos una visita al Museo del Prado en la que, por cierto, se coló una periodista vestida con gabardina y el cuello subido, como en las películas. Un representante de la Comisión hizo un brindis en el que dijo que cuando vino a España en verano pensaba que se iba a dedicar a dormir la siesta y que se había dado cuenta de que no era así. Por nuestra parte, hicimos una puesta a punto del sector financiero y lo financiamos a un tipo de interés reducido y un plazo bastante largo. Dadas las circunstancias, mejor no podía haber salido.

8

AL BORDE DEL COLAPSO

España consigue evitar el rescate completo de la economía y se sientan las bases para resolver la crisis del euro y fortalecer la arquitectura de la moneda única

La firma del préstamo europeo para recapitalizar el sector financiero español nos dejó un sabor agridulce. Por una parte, pensamos que habíamos levantado la muralla que necesitábamos para evitar el rescate completo de la economía española. El presidente Mariano Rajoy quiso trasmitir ese mensaje de tranquilidad cuando el domingo 10 de junio, el día siguiente de la multiconferencia con el Eurogrupo, comentó ante la prensa que esa misma tarde se iba a ver jugar a España contra Italia en Polonia. Es curioso cómo las tensiones en la zona euro de aquel año se trasladaron a los campos de fútbol durante la Eurocopa.

Por otra parte, la cruda realidad. Los mercados financieros abrieron eufóricos el lunes, con una subida del Ibex que rozó el 6%. Pero al final de la jornada, se fueron desinflando y la Bolsa cerró en negativo. Mi *amiga* la prima de riesgo se fue a los 520 puntos básicos y el tipo de interés del bono a 10 años se acercó al máximo histórico. A la incertidumbre sobre los términos del acuerdo de los bancos y las dudas sobre la supervivencia del euro como proyecto integrado por países diversos (Alemania versus Grecia) se sumaba la desconfianza en la capacidad de la economía española para generar crecimiento en un marco de ajuste fiscal y desendeudamiento.

Estábamos aún lejos de recuperar la confianza porque, en buena parte, las circunstancias nos sobrepasaban. Lo expliqué unas semanas después, cuando efectivamente firmamos el rescate bancario con el Eurogrupo: «Las fuertes tensiones en los mercados de deuda y en las bolsas [...] son una prueba clara de la necesidad de abordar los problemas estructurales que existen en la arquitectura económica de la zona euro». Esos problemas «se concretan en las fuertes divergencias en los costes de financiación entre unos países miembros y otros», lo que «lleva a que los mercados sobrerreaccionen penalizando excesivamente a aquellos países considerados más vulnerables».

Digamos que respiraba por la herida. El acecho de los mercados no daba tregua y nos situó varias veces al borde del colapso financiero como país durante aquel verano de 2012. El bono a 10 años marcó el 7,50 % el 23 de julio y la prima de riesgo, un día después, escaló hasta los 639 puntos básicos, los máximos históricos desde la entrada en el euro. El Tesoro tenía que hacer subastas ridículas (de 1.000 millones de euros, cuando lo habitual son 5.000) por el procedimiento de llamar a los bancos para preguntarles cuanto estaban dispuestos a prestarnos. Lo normal es al revés. Anunciamos el objetivo y ellos acuden si el precio es atractivo. Estábamos obligados a no dejar ninguna subasta desierta, pese a las enormes dificultades. Teníamos muy presente que Irlanda fue rescatada al día siguiente de no haber conseguido cerrar una colocación de deuda.

Los bancos españoles estaban en el ojo del huracán de la desconfianza, y la fuga de depósitos y capitales fue una constante hasta pasado el verano de 2012. En la primera mitad del año, casi 250.000 millones de euros se esfumaron (la cuarta parte del PIB) y los bancos tuvieron que acudir al BCE para mantener la liquidez y evitar llegar al extremo de un *corralito*, como hemos visto recientemente en Grecia. A través del denominado TARGET2 entraron 234.000 millones de euros entre enero y junio de 2012. España pasó a obtener cerca del 35 % de la financiación bruta del eurosistema (la que proviene del BCE), cuando su PIB representa el 11 %. Esa diferencia muestra el grado de asfixia en que se encontraban los bancos españoles en aquellos momentos.

La lectura que hicieron los mercados del rescate bancario fue negativa. Las agencias de rating (te ponen la nota de solvencia como país y los inversores se fijan a la hora de comprarte la deuda) se debatían entre cuánto dinero necesitarían los bancos (con el convencimiento de que sería una cifra inasumible) y cuánto tardaríamos en pedir el rescate completo, una vez conseguida la ayuda para los bancos. Rizando el rizo. Dos de las más importantes agencias (Fitch y Moody's) coincidieron en bajarnos tres escalones de golpe en los comienzos del verano, hasta situar a España al borde del bono basura. Estábamos a un paso de entrar en lo que denominan «grado especulativo», lo que significa ser pasto de los tiburones.

Nosotros manteníamos el pie en el acelerador porque no queríamos pasar a la historia como el Gobierno que hizo que España perdiera la autoestima. Un importante periodista italiano escribió que los españoles «son muy orgullosos, son hidalgos, te miran a la cara con ojos desafiantes y dan taconazos de rabia si se les devuelve la misma mirada». Me pareció un pataleo dentro de un artículo en el que el periodista trataba de explicar al presidente del BCE, Mario Draghi, la derrota de Italia frente a España por 4-0 en la final de la Eurocopa de 2012.

Aquello era un tópico tan desafortunado como injusto. Los españoles han demostrado durante la peor recesión de la historia reciente una madurez y solidaridad que me ha dejado impresionado. Una sociedad así merece que sus gobernantes luchen por mantener el timón de mando. Esto no me impide comprender que aquellos *defectos* de los españoles relatados por el periodista pueden ser insufribles para el contrario cuando hablamos de fútbol.

El primer año de la Legislatura caminábamos por el borde del precipicio. Todo lo que hicimos fue tomar medidas para evitar la pérdida de autonomía de la política económica. Primero fue el ajuste nada más llegar que implicó sobre todo una subida del IRPF y recortes en el gasto de los ministerios. No fue suficiente. Después hicimos los dos decretos de saneamiento de los bancos, que no iban a surtir efecto inmediato. Más tarde pedimos el préstamo para la recapitalización del sector financiero, que debía concretarse. Llegamos al mes de julio en plena tormenta de los mercados financieros y con los organismos internacionales presionándonos para que hiciéramos más.

La reunión del G-20

A la reunión del G-20 en Los Cabos (México) de finales de junio llegamos con los deberes hechos, incluida una importante reforma laboral. En medio de un calor y una humedad sofocantes, o así me lo parecía, iba de reunión en reunión como un reo recibiendo amonestaciones. España era el centro de todas las inquietudes en el *resort* mexicano donde se celebró el encuentro de jefes de Estado y de Gobierno de los países más avanzados. Éramos el principal riesgo para el euro, y la presión era tan fuerte que algún miembro de la delegación española empezó a especular con la posibilidad de amenazar con que abandonábamos la moneda única. Lo que se dice tirar la toalla desde un sexto piso y lanzarse detrás de ella.

Entre unas cosas y otras, de vez en cuanto me tenía que meter en una sala muy refrigerada que me buscó el equipo de Comunicación del presidente Rajoy. Cuando conseguía bajar la temperatura corporal y recuperar las pulsaciones normales, volvía al ruedo. En una comparencia ante la prensa al principio de las sesiones, afirmé: «España es un país solvente». Había que recordarlo porque las dudas eran muy fuertes. El castigo que sufre la prima de riesgo «no se corresponde con los esfuerzos ni con la potencialidad de la economía española», añadí.

Tanto el presidente del Gobierno como yo mismo explicamos en cada reunión las importantes reformas que habíamos llevado a cabo para convencer al resto del mundo. Salimos reforzados respecto de lo realizado hasta entonces (reforma laboral y saneamiento bancario), pero con una terrible advertencia del G-20: España puede incumplir el objetivo de déficit marcado para 2012, como consecuencia de la debilidad de la economía y los costes de la reestructuración del sistema financiero.

Pese a lo que había llovido hasta entonces, teníamos que aplicar un nuevo plan de ajuste. A esas alturas del año ya sabíamos que no podíamos garantizar que el desequilibrio fiscal se redujera al 5,3 % del PIB, y no digamos al 3 % un año después, como pusimos en el Plan de Estabilidad de abril. La economía española caía a mediados de 2012 a un ritmo anual del 2,5 % y la destrucción de empleo era de casi el doble, el 4,6%. Ya hubiéramos firmado por un retroceso del PIB de *solo* el 1,7 % en 2012, tal como habíamos comunicado a Bruselas (finalmente, el descenso fue del 2,6 %). La cuestión residía en si un nuevo ajuste fiscal iba a contraer aún más la economía y hacernos por tanto menos capaces de salir del remolino. Siempre moviéndonos entre lo malo y lo peor.

El 13 de julio, el Gobierno aprobó el segundo paquete de medidas para contener el déficit, después de celebrar un Consejo de Ministros extraordinario con el Rey Don Juan Carlos para informarle de la situación económica. Momentos de una gravedad también extraordinaria. Durante la rueda de prensa posterior expliqué que se trataba de medidas «ineludibles e inaplazables», pese a que pudieran tener «un efecto más o menos contractivo en el corto plazo». El objetivo «ineludible e inaplazable», insistí, «es garantizar a medio plazo la sostenibilidad de las finanzas públicas españolas y la generación de confianza para permitir que la economía española se financie mejor».

Al ministro Cristóbal Montoro le tocó en esta ocasión bailar con la más fea, lo que para un ministro de Hacienda va en el cargo. Dos medidas eran especialmente dolorosas. Pese a que Montoro se resistió al inicio de la Legislatura a subir el IVA y optó por el IRPF, hubo que hacerlo a mediados de año. El tipo general del IVA subió del 18 % al 21 % y el reducido, del 8 % al 10 %, aunque se mantuvo el superreducido (el que se aplica a los productos de primera necesidad) en el 4 %. La segunda decisión consistió en suprimir la paga extra de Navidad para los funcionarios y empleados públicos, medida también muy difícil de adoptar porque a los afectados los veíamos cada día en los ministerios.

El plan se completó con una subida en las retenciones por actividades profesionales desde el 15 % hasta el 21 %. Se suprimió la deducción por compra de vivienda y esta pasó a tributar del 4 % al 10 %. La prestación por desempleo se redujo a partir del sexto mes, solo para los nuevos desempleados. Montoro dijo entonces que en 2013 y 2014 se bajarían un punto cada año las cotizaciones a la Seguridad Social, de lo que, como es lógico, no volvimos a tener noticias.

A mí me correspondió el anuncio de medidas que tuvieron menos impacto en aquel momento, pero que estoy convencido de que han sido después determinantes para la recuperación económica. Se decidió la liberalización total de horarios comerciales para establecimientos de menos de 300 metros cuadrados, sin que las comunidades autónomas pudieran reducir este límite a menos de 150 metros como hasta entonces. Autorizamos también que el número mínimo de domingos de apertura comercial pasara de 12 a 16. En una ciudad como Madrid, estas medidas han supuesto un claro impulso al turismo, han atraído inversiones, han creado empleo y le han dado una nueva vida a la ciudad los fines de semana.

Porque en medio de todas las dificultades había una parte *sana* de la economía española con vitalidad suficiente. Los problemas estaban centrados en el *ladrillo* y en el colapso financiero que había generado el estallido de la burbuja inmobiliaria y de crédito. Sectores como el turismo, el automóvil, la industria agroalimentaria o la química fundamentalmente necesitaban restablecer el flujo de crédito y una buena reforma del mercado de trabajo, junto con las medidas de liberalización que empezábamos a adoptar. Vimos los primeros resultados ya en 2012 cuando las exportaciones seguían creciendo y logramos el primer superávit en la cuenta corriente y de capital de los últimos quince años.

Fue un punto de giro muy importante porque la burbuja inmobiliaria se había financiado sobre todo con capitales exteriores, no con ahorro interno, lo que nos hacía especialmente vulnerables a las tormentas financieras como la que nos afectó durante buena parte de 2012. En la medida en que generábamos capacidad de financiación, estábamos más blindados. Esta autosuficiencia se ha prolongado hasta hoy; es decir, la corrección del desequilibrio exterior no solo fue el reflejo de una demanda interna deprimida, sino que se ha mantenido durante los años de la recuperación económica. Es puro músculo económico, el que corresponde a una economía que fue recuperando la competitividad perdida y en la que el flujo de crédito se fue normalizando y diversificando.

Las presiones para que solicitáramos el rescate completo no solo venían de fuera. Entre los empresarios, banqueros y medios de comunicación de España fue un clamor durante todo 2012. En septiembre, el presidente del BBVA, Francisco González, dijo en el Foro ABC que, «cuanto antes, mejor», España debía solicitar ayuda exterior. Un editorial de *El País* en diciembre de ese año titulado «Rescate urgente» decía que «aplazar la petición de rescate equivale a condenar a la economía española a una recesión prolongada y dolorosa».

Tuve muchas llamadas entonces con la misma petición, consejo o súplica. Pero hubo una que recuerdo de manera especial porque fue muy reconfortante. Emilio Botín, presidente del Santander, me llamó para decirme que había que pedir 160.000 millones de euros al FMI. Le contesté que con eso no teníamos ni para empezar, que si queríamos cubrir los vencimientos de deuda pública de dos años teníamos que irnos al medio billón de euros. Le dije que estábamos haciendo todo lo posible por evitarlo y le expliqué las negativas consecuencias de un rescate. Me contestó: «Ministro, tú sabes más y, en lo que hagas, yo te apoyaré». Personas con esta altura de miras son las que se echan de menos en las circunstancias difíciles. Su fallecimiento repentino dos años después dejó un importante vacío.

Evitar el rescate

Dentro del Gobierno no había debate al respecto, aunque tampoco éramos impermeables al ruido ambiental. A algunos les costaba comprender lo que estaba pasando. No era sencillo, después de aprobar medidas tan duras y contrarias al programa electoral del PP, explicar por qué no conseguíamos enderezar el rumbo. El presidente Rajoy marcó la estrategia y, en cada momento de dificultad extrema, la instrucción era clara y constante: evitar el rescate. En las circunstancias difíciles está bien mantener la cabeza fría y no dejarse influir por las presiones. Mariano Rajoy, como es sabido, tiene estas cualidades. Yo estaba más cerca de la hoguera y muchas noches no conseguía conciliar el sueño, sobre todo cuando tenía una subasta del Tesoro al día siguiente.

Los días 24 y 25 de julio viví los momentos más críticos. Fue cuando más cerca estuvimos de pedir el rescate. En poco más de 24 horas estuve en Roma, Berlín y París, dando saltos por Europa por ese orden con el *avioncito*. En Berlín cené con Schäuble en un precioso restaurante en la noche del 24 de julio. Le expliqué que España estaba en una situación límite, que el Tesoro español solo podía aguantar un mes, es decir, se quedaba sin fondos para pagar las pensiones, las prestaciones por desempleo o los sueldos de los funcionarios, por poner solo unos ejemplos. El debate sobre si Grecia podía continuar en el euro nos estaba matando, añadí, porque era iniciar un camino hacia lo desconocido que podía arrastrar a la débil España. Le pedí que Alemania actuara para reforzar la moneda única.

Ante el riesgo de una desintegración del euro, empresas y sobre todo entidades financieras elaboraron planes de contingencia. La vuelta a una peseta devaluada habría obligado a repudiar nuestra deuda externa, tanto pública como privada. Estaríamos obligados a mantener la denominación en euros y obtener ingresos en la nueva moneda devaluada, lo que habría sido insostenible. Las entidades financieras tendrían incluso que haber impuesto un *corralito* previo para evitar la retirada masiva de depósitos. En un mundo como el actual, las supuestas ventajas de una devaluación (crecimiento, exportaciones, empleo) quedarían completamente anuladas por el colapso financiero.

Durante el verano de 2012 se sucedieron varios acontecimientos trascendentales en Europa para entender el período de relativa calma que empezamos a notar un año después: el Consejo Europeo de finales de junio que adoptó el compromiso de la Unión Bancaria, proyecto que los cuatro grandes países del euro concretamos en noviembre; las palabras de Draghi en julio («*whatever it takes*») y la puesta en marcha de las OMT (*outright monetary transactions*), y el cambio de actitud de Alemania respecto de la permanencia de Grecia en el euro. Todo contribuyó, pero creo que esto último fue lo más decisivo de manera inmediata, junto con la puesta en marcha de la Unión Bancaria más a medio plazo.

Las dudas de Alemania respecto de la integridad del euro planearon durante toda la crisis financiera del verano. En el euro se sabe cómo se entra, pero la salida no está contemplada. Si Grecia era expulsada del club de la moneda única, penetrábamos en territorio desconocido. A los países en situación complicada, como España y también Italia, esa incertidumbre nos estaba haciendo mucho daño. Frente a una desintegración del euro, España defendía reforzar su arquitectura para prevenir crisis futuras.

Ese debate se planteó en el Consejo Europeo de finales de junio. Rajoy hizo piña con el primer ministro italiano Mario Monti para provocar una respuesta política con un compromiso firme. Ambos se plantaron y amenazaron con vetar un plan de 130.000 millones de euros para impulsar el crecimiento económico que estaba a debate. Lograron que en el comunicado final se dijera: «es imperativo romper el círculo vicioso entre bancos y emisores soberanos», y para ello se pedía a la Comisión Europea que presentase en breve propuestas sobre un Mecanismo Único de Resolución y otro de Supervisión, los dos pilares de la Unión Bancaria.

Se trataba, en definitiva, de cimentar la estructura del euro, que se tambaleaba porque no estaba preparada para afrontar una crisis financiera global como la que comenzó en el verano de 2007. El acuerdo del Consejo Europeo no se afianzó hasta cinco meses después en una reunión en un hotel cercano al aeropuerto Charles de Gaulle en París. Elegimos la capital de Francia porque era el punto más cercano y que podía pasar más desapercibido. De hecho, fue una reunión secreta o confidencial, porque se buscaba vencer las últimas resistencias para poner en marcha la Unión Bancaria, sobre la que ya había un acuerdo político de los Estados.

Participamos los ministros de los cuatro grandes (España, Italia, Francia y Alemania) más el presidente del BCE, el del Eurogrupo y el comisario de Asuntos Económicos: la plana mayor de la eurozona decidida a poner en práctica un nuevo proyecto de integración europea, el más importante desde la adopción del euro. En un artículo posterior en *El País* escribí: «Un banco en cualquier esquina de un país de la UE ya no será un banco español, francés o italiano. Va a ser un banco europeo. Tendrá que cumplir los mismos estándares de solvencia, estará vigilado por un mismo supervisor, pasará por los mismos chequeos y se disolverá, si no hay otro remedio, por los mismos procedimientos».

El debate social sobre los rescates bancarios arreciaba en toda Europa, y la Unión Bancaria era también una respuesta. «La crisis financiera ha provocado graves daños no solo en la actividad económica —escribí en el mismo artículo—. La conciencia social también ha sufrido graves desperfectos. Los ciudadanos han identificado las ayudas al sector bancario con los sacrificios que han debido realizar para salir de la crisis. Y han demandado soluciones a sus Gobiernos para garantizar la salud de las entidades financieras, prohibir las malas prácticas que provocaron el desastre y evitar que el contribuyente vuelva a pagar futuras crisis.»

Las palabras de Mario Draghi el 26 de julio de 2012 tuvieron también un efecto balsámico sobre los mercados. «El BCE hará todo lo necesario para sostener el euro. Y, créanme, eso será suficiente», dijo el presidente de la autoridad monetaria de la zona euro en una conferencia en Londres. A finales de julio ya habíamos sufrido mucho y a mí las palabras de Draghi me dejaron un tanto frío. Era el preludio de la puesta en marcha el 6 de septiembre de la OMT, el programa de compra de deuda pública en el mercado secundario. España no llegó a utilizarlo nunca, pero es verdad que la medida trasladó el mensaje de que el BCE iba a defender el euro con toda la artillería. Aquello, en los momentos de dudas que vivíamos, tuvo su eficacia.

El efecto Draghi

Draghi ha confesado que no entiende de fútbol ni lo sigue. Pero tampoco el presidente del BCE pudo quedarse al margen de la euforia que desató la Eurocopa en aquel verano de 2012 tras el triunfo de la selección española. En una conversación publicada el 9 de julio en el diario italiano *La Repubblica*, el periodista le hacía el siguiente comentario: «Hasta la semana pasada, Italia tenía tres *Super Marios* que ocupaban los titulares de todos los periódicos, tú, Monti y Balotelli [el jugador de la selección italiana]. Tras la derrota frente a España, Balotelli se arrodilló y se puso a llorar. Ahora quedáis dos. ¿No terminaréis vosotros como el *Super Mario* de la camiseta azul?».

«Espero que no —respondió riendo—, pero ¿cómo pudieron perder de esta forma contra España?», decía Draghi como pensando en voz alta. El periodista le preguntó si había visto el partido y Draghi le confesó que «no, no vi nada, para mí fueron unos días muy ajetreados y el fútbol no es mi fuerte. Pero me asombra, 4-0. Y con España...». El periodista le dice que no crea que España es indigna de adjudicarse la Eurocopa por sus problemas con la prima. De hecho, es campeona del mundo, le informa. «Lo sé —responde Draghi—, pero me gustaría saber en qué consiste su fuerza.» Espero que con el paso del tiempo y viendo cómo conseguimos darle la vuelta a la situación, el presidente del BCE lo habrá comprendido, aunque no le guste el fútbol.

Grecia no corrió la misma suerte y cayó ante Alemania por 4-2 en la misma Eurocopa de 2012. Aquel partido fue más que fútbol. Los griegos sufrieron frente a una selección alemana sin el brillo de la española pero arrolladora. Una metáfora de lo que se jugaba fuera del césped. La prensa alemana más moderada apostaba por una «salida ordenada» de Grecia del euro, y el resto, por la expulsión y la vuelta al dracma. La canciller Angela Merkel asumió que cualquiera de los dos escenarios habría sido letal para el proyecto del euro en un momento de inestabilidad como el que vivíamos en el verano de 2012. Merkel fue recibida con manifestaciones en una visita a Atenas en octubre de ese año, pero en realidad les estaba lanzando un salvavidas al que han seguido otros muchos después en una historia que parece no tener fin.

Fue decisivo el cambio de actitud de Alemania frente a Grecia para disipar las dudas respecto de la supervivencia del euro. Para España, el entorno se había suavizado un poco, aunque arrastrábamos una fuerte inercia negativa en los datos macroeconómicos. Llegamos a finales de 2012 con una destrucción de más de 800.000 empleos y una caída del PIB del 3,12 % respecto de un año antes. Nos planteamos entonces una fórmula nueva con el FMI, que no se llegó a aplicar y que en los niveles técnicos fue bautizada como Programa de Asistencia para el Acceso al Mercado (PAAM, un acrónimo poco tranquilizador).

Se trataba de que el FMI aportara una especie de sello de calidad a nuestras medidas aunque sin financiación, es decir, diferente a los programas de rescate de Grecia, Irlanda o Portugal. Se pretendía poner otro muro que evitase, precisamente, el rescate completo. Habría un escenario macroeconómico a tres años vista, un programa acordado de medidas de ingresos y gastos aplicables a todas las Administraciones (incluidas las comunidades autónomas), la publicación mensual de las cuentas públicas, nuevas medidas para completar la reforma laboral... Podía servirnos como una especie de aval para que España acudiera a las OMT de Draghi, algo que tuvo también muchos adeptos entre los empresarios españoles.

El acuerdo con el FMI se interpretaría quizá como un *rescate light*, aunque lo podíamos plantear como un apoyo o asistencia técnica que completaría la labor reformadora del Gobierno. No como una imposición. El objetivo fundamental era la reducción del déficit público y buscar el compromiso de todas las Administraciones Públicas, incluidas las comunidades autónomas. Tanto el comisario Rehn como el ministro Schäuble eran partidarios. Pero el presidente de la Comisión, Durão Barroso, llamó a Rajoy para mostrarle su oposición, creo que por una cuestión de rivalidades. Finalmente se descartó.

9

EL MALESTAR SOCIAL

Las soluciones para los desahucios, las preferentes y los minoristas de Bankia

—Seguimos con una tasa de paro cercana al 25 % y seguimos siendo vulnerables, como usted ha dicho, señor De Guindos. Entonces, me gustaría saber cómo va a poder aguantar España esta situación y si no teme el Gobierno un estallido social [...] Usted ha dicho que la recuperación económica va a llegar. Me gustaría saber cuándo vamos a generar empleo. ¿Hay una fecha concreta?

El 26 de abril de 2013 comparecía en la rueda de prensa posterior al Consejo de Ministros que había aprobado el Programa de Estabilidad 2013-2016. Son proyecciones a medio plazo que se actualizan cada año y que todos los países enviamos a Bruselas a finales de abril para su evaluación y recomendaciones. La pregunta del periodista evidenciaba la contradicción entre las cifras que presentábamos y mi empeño (más bien un acto de fe) en trasmitir que la situación se estaba dando la vuelta. Lo dije varias veces, pero ahí estaba, la tasa de paro clavada en el 24,8 % al cabo de tres años (solo dos décimas menos que en 2012) y con un magro crecimiento del 1,3 % previsto para 2016.

Llovieron las críticas al «conformismo» del Gobierno. Habíamos «tirado la toalla» en la lucha contra el paro. A la pregunta del periodista respondí que nunca iba a «generar falsas expectativas» y que nunca me oirían hablar de «brotes verdes». Que en caso de tener que rectificar, procuraría que fuera al alza, como he hecho siempre, y como ha sido lo habitual en las previsiones de los organismos internacionales respecto de España. No fui convincente y los titulares de la prensa trasladaron la idea de que tardaríamos mucho en recuperar los niveles de empleo previos a la crisis. El PSOE nos acusó de generar «una ola de pesimismo»... El mundo al revés.

Creo que la sociedad española es madura y valora que le digan la verdad. Pero también es cierto que íbamos a por el quinto año de recesión prácticamente ininterrumpida y que se había destruido mucho empleo. A finales de 2012 se superaron los seis millones de parados y la tasa de paro rozaba el 26 %, en máximos históricos. Entonces pensábamos que los desequilibrios acumulados eran tan hondos que nos iba a costar mucho poner la casa en orden. Había que proseguir la reducción del déficit (lo fijamos en el 6,3 % para 2013, otra vez lejos del 3 %) con su efecto contractivo sobre el crecimiento, y las reformas estructurales —la laboral y el saneamiento financiero— necesitaban tiempo para surtir plenos efectos. Después, todo ha sido más rápido, pero entonces era arriesgado apostar sin crear frustración.

Los datos en economía se conocen con cierto retraso y la percepción social tarda en cambiar. Pero a medida que avanzaba 2013 notábamos que la tendencia se modificaba. Europa empezaba a poner el andamio para la Unión Bancaria y el Banco Central Europeo proporcionaba liquidez suficiente. Los mercados levantaban un poco el pie del acelerador sobre la prima de riesgo. Las comunidades autónomas se podían financiar a través del Tesoro y los proveedores podían cobrar las facturas. Las cajas de ahorros que necesitaron ayuda del préstamo europeo ponían en marcha los planes de reestructuración... Todas las piezas empezaban a encajar, poco a poco y con mucho esfuerzo.

Nos faltaba lo más importante, volver a crecer y crear empleo, pero digamos que las bases estaban sentadas. Lo difícil entonces, después de todo el desgaste que la sociedad española acumulaba, era ponerle plazos a la recuperación económica y que nos creyeran. Por eso fuimos extraordinariamente prudentes. Pero a la pregunta de si temíamos un «estallido social», la respuesta era que no.

No se suele mencionar, pero hubo dos circunstancias que ayudaron mucho a que la salida de la crisis fuera más rápida de lo que pensábamos. Tener un Gobierno con mayoría absoluta agilizó la toma de decisiones y nos permitió ser más eficaces. La paz social fue también muy importante para que el tránsito por ese largo período de crisis económica no añadiera más presión de la que ya teníamos. De hecho, las dos huelgas generales que tuvo el Gobierno del PP en 2012 fueron de un alcance muy limitado.

Esto no quiere decir que no existiera malestar social por una mezcla de circunstancias. Las heridas de la crisis tardan en cicatrizar y el drama de los desahucios fue la más sangrante de las que se abrieron tras el estallido de la burbuja inmobiliaria y de crédito. En televisión cada día veíamos las imágenes de familias desahuciadas; mientras negociábamos las ayudas a los bancos, sus directivos cobraban o lo pretendían cantidades de escándalo tras haber arruinado las entidades; pequeños ahorradores estaban atrapados con las preferentes o habían acudido a la salida a Bolsa de Bankia y se sentían engañados; los contribuyentes pagaban más impuestos para arreglar los desperfectos de una mala política anterior, y los escándalos de corrupción de todos los colores y tamaños ocupaban también buena parte de los telediarios. Este era el clima social que se vivía en España al menos durante los dos primeros años de la X Legislatura, lo cual requería mucha explicación y medidas concretas para resolver los problemas de cientos de miles de personas.

El drama de los desahucios

La alarma social por los desahucios fue casi permanente. Subía de intensidad cuando se producían situaciones dramáticas extremas. Perder el empleo es difícil de afrontar, pero quedarse sin la vivienda es de lo peor que le puede pasar a una familia. El problema estuvo encima de la mesa desde el principio y ya en enero de 2012 anunciamos una batería de medidas destinadas a colectivos de especial vulnerabilidad, que se han ido ampliando con el paso del tiempo. Tenían que ser medidas equilibradas, sin perder de vista que la morosidad hipotecaria no llegaba al 5 % en España cuando este negocio en los bancos representaba en torno al 40 %.

La inmensa mayoría de los hipotecados paga su deuda con el banco y es responsable en caso de no poder hacerle frente. Este principio de responsabilidad patrimonial universal es el que ha permitido a muchas personas acceder a una vivienda en propiedad (el 80 % de las familias en España). El equilibrio entre la cultura de que las deudas hay que pagarlas y la asistencia a personas que de buena fe se encuentran en dificultades y en riesgo de exclusión social es lo que buscamos con las medidas que pusimos en marcha y que aún se mantienen.

El Gobierno de Mariano Rajoy fue el primero que abordó

el problema de los desahucios, pese a que muchos de los casos que estallaron se habían generado años antes del inicio de la recesión en 2008. Los procedimientos que conducen a la solución extrema del desahucio o lanzamiento son largos y dictaminados por un juez. Muchos de los casos que se agolparon en los dos primeros años de Legislatura se habían originado por impagos muy anteriores. Fueron producto del *boom* inmobiliario, de las condiciones laxas de financiación y, en ciertos casos, de la falta de garantías adecuadas en la concesión de créditos. Todo se agravó cuando empezó a aumentar el paro en 2007.

Siempre he desconfiado de los atajos para resolver problemas complejos. Por ejemplo, la propuesta de la Plataforma de Afectados por la Hipoteca (PAH), que consistía en que todas las viviendas de entidades con ayudas del FROB más las de Sareb (el «banco malo») debían pasar «a manos de los ciudadanos», mensaje lanzado tras la ocupación de un bloque de viviendas en Salt (Girona); o el acceso a viviendas protegidas en Andalucía sin cumplir los requisitos y por mero clientelismo político; las expropiaciones de pisos vacíos de los bancos; o el funcionamiento de mafias descubierto recientemente en Madrid para alquileres ilegales en viviendas desocupadas...

Ninguna de ellas son soluciones aceptables, bajo ningún punto de vista. Pero estaba claro que debíamos tomar medidas urgentes. A primeros de marzo de 2012, nada más llegar al Gobierno, pusimos en marcha el Código de Buenas Prácticas (CBP), al que se sumaron la mayoría de las entidades financieras con negocio hipotecario. La adhesión era voluntaria, pero una vez adquirido el compromiso, el cumplimiento se hacía obligatorio. Y era una cuestión reputacional; aquellas que no se adhirieran tendrían que explicar por qué, y no les iba a resultar fácil.

La dación en pago (la deuda hipotecaria se salda con la entrega de la vivienda) sería la opción final, con ruidosos adeptos, pero nada conveniente para los afectados. Implica la pérdida de la vivienda, y el negocio bancario no consiste tampoco en acumular un patrimonio inmobiliario. Antes de llegar a ese extremo, las entidades firmantes del CBP se comprometían a reestructurar la deuda, aplicar una quita y, en último término, la dación en pago, permitiendo al deudor mantenerse en la casa mediante un alquiler reducido. Realmente el CBP lo que ha fomentado son las refinanciaciones, la mejor solución tanto para el afectado como para la entidad financiera.

El segundo bloque de medidas se adoptó en noviembre de 2012 y consistió en suspender los lanzamientos durante dos años para los mismos colectivos vulnerables (moratoria que se ha prorrogado dos años más, hasta 2017) y para vivienda habitual. Y a principios de 2013 se firmó el convenio para la creación del Fondo Social de Viviendas (FSV), ahora dotado con 9.000 inmuebles y en el que participan más de 30 entidades de crédito. Estas viviendas están a disposición de personas que fueron desahuciadas después del 1 de enero de 2008, que tengan ingresos reducidos y se encuentren en los casos de vulnerabilidad. Los alquileres están limitados a entre 150 y 400 euros al mes.

Tuvimos muchas críticas, sobre todo al principio, por las condiciones que habíamos puesto para el acceso a estos mecanismos de protección social. Nos señalaron que eran muy restrictivos y que ello explicaba que los resultados no fueran tan relevantes como el problema que intentábamos resolver. Decidimos entonces ampliar los requisitos, en concreto para el acceso al FSV. A las circunstancias económicas exigidas (desempleo, ingresos de la unidad familiar limitados a tres veces el IPREM, que la cuota hipotecaria sea superior al 50 % de los ingresos netos y que se carezca de otros bienes) añadimos las unidades familiares con hijos menores de 18 años (antes, tres años) y los mayores en situación de prejubilación o jubilación que hubiesen avalado a hijos y nietos la hipoteca y se enfrentasen a un desahucio de su propia vivienda, una situación que se dio con cierta frecuencia.

Finalmente incluimos todas aquellas personas que, previo informe de los Servicios Sociales del Ayuntamiento, pudieran estar dentro de supuestos de vulnerabilidad social no tasados. Los resultados me indican que la vía fue la adecuada, aunque es verdad que hubo cierto gradualismo que nos podíamos haber ahorrado para ir más rápido. A la postre, más de 65.000 familias se habían beneficiado a mediados de 2016 de alguna de las medidas adoptadas, y el número total de ejecuciones hipotecarias de vivienda habitual está en descenso con caídas de dos dígitos. Eran medidas necesarias sin perder de vista que lo fundamental fue conseguir darle la vuelta a la situación económica y empezar a recuperar el empleo.

Rescatar a los bancos y no a las personas. Este mantra lo oímos repetidamente durante los tiempos más crudos de la recesión y aún figura en los programas electorales de partidos populistas de extrema izquierda. En un clima en que se iban conociendo casos de mala gestión en las entidades rescatadas, e incluso de saqueo, era complejo explicar por qué había que sanear el sector financiero con fondos públicos. Dos razones explican que en todos los países de nuestro entorno se haya procedido de la misma manera. Para que sea posible la recuperación económica, los bancos tienen que estar «sanos» y en condiciones de dar crédito. Y los depositantes (todos nosotros) deben estar protegidos y no cargar con el coste que supone reflotar una entidad. Haber dejado caer una entidad habría provocado un efecto dominó de desconfianza que habría agravado la crisis hasta niveles insospechados.

Solución a las preferentes

El debate sobre a quién le tocaba pagar los platos rotos fue motivo de tensión social en los primeros años de Legislatura. Durante la negociación del rescate bancario y el MoU (*Memorandum of Understanding*) en que se fijaron las condiciones, este fue uno de los puntos de fricción con la Comisión Europea. Ellos querían minimizar el uso de ayudas públicas y cargar parte del coste a los accionistas de las entidades rescatadas. Pero lo que en un banco es sencillo de acotar, en las cajas de ahorros se complicaba porque no había accionistas en sentido clásico, sino depositantes de toda la vida convertidos en preferentistas.

El problema afectaba a cerca de 600.000 personas —por un montante en torno a los 10.000 millones de euros— que sin comerlo ni beberlo en muchos casos se enfrentaban a la posibilidad de perder todo lo invertido. En general, se trataba de personas mayores que habían depositado los ahorros en un producto complejo. La alta rentabilidad prometida tenía una abundante letra pequeña: era deuda perpetua (la entidad no estaba obligada a devolver el principal) cuya remuneración se condicionaba a la obtención de beneficios y que los convertía, muchas veces sin saberlo, en accionistas que tenían que estar a las duras y a las maduras. Y ahora, la situación era dura, durísima.

He tenido personalmente muy pocos episodios desagradables (uno o dos, como máximo) en todo este período, solo alguno muy leve relacionado con el problema de las preferentes. Pero las protestas en la calle eran constantes, muchas de ellas ante las sucursales de Bankia. Estos productos se comercializaron entre los años 2008 y 2009 como una manera por parte de las entidades financieras de fortalecer los recursos propios. Los utilizaron prácticamente todas las entidades, pero en especial las cajas de ahorros, por tener limitadas otras vías para captar capital. Se hizo por la puerta de atrás y con quien no se debía. La proliferación de este producto evidenció que el saneamiento financiero no se había llevado a cabo. Todo ello ante la pasividad de los supervisores y la falta de explicaciones posteriores sobre por qué no le pusieron coto a este producto financiero envenenado.

Pero estamos en lo de siempre, de nada valía llorar por la leche derramada, y el problema lo teníamos nosotros encima de la mesa a la espera de soluciones. Aceptamos (porque había que aplicar la normativa europea) establecer quitas a los preferentistas. Pero, al tiempo, establecimos un mecanismo de compensación mediante un arbitraje para que pudieran recuperar su inversión los que habían quedado atrapados en las entidades con apoyo público. El resto de las entidades había ido resolviendo el problema mediante el canje de estos títulos bien por acciones nuevas, depósitos u otro tipo de deuda de acuerdo con sus clientes. Por nuestra parte, se creó una comisión pilotada por la CNMV para establecer los criterios que debían tener en cuenta las entidades participadas por el FROB a la hora de ofrecer el arbitraje a los preferentistas y para hacer un seguimiento de las reclamaciones judiciales y extrajudiciales relativas a la comercialización de estos productos.

Para el caso concreto de entidades en proceso de reestructuración establecimos además un mecanismo para dotarlas de liquidez a través del Fondo de Garantía de Depósitos (FGD). El MoU suscrito con la troika nos obligaba a efectuar el canje de las participaciones preferentes por capital de estas entidades mediante una quita. Como algunas de las cajas rescatadas no cotizaban en Bolsa (Catalunya Banc y Nova Galicia Banco), se decidió que el FGD pudiera adquirir esas participaciones. Para ello obligamos a una contribución especial por parte de las entidades *no rescatadas* del 3 por 1.000 sobre los depósitos computables. Aquellas que habían aportado a Sareb, podían deducirse el 30 %. Un poco de justicia poética.

El problema no habría quedado resuelto del todo si no hubiéramos fijado las reglas para que en el futuro no se reprodujeran este tipo de malas prácticas. A mediados de 2012 establecimos que las emisiones de preferentes debían tener un tramo dirigido exclusivamente a clientes profesionales de al menos el 50 %. Con ello evitábamos que un producto complejo se colocase exclusivamente entre pequeños ahorradores —por lo general con menor cultura financiera—, como había sucedido en el pasado. Por la misma razón, el valor unitario mínimo debía sobrepasar los 100.000 euros y el cliente debería escribir de su puño y letra que el producto no le resultaba conveniente, dado el caso, por su complejidad, y que pese a todo lo suscribía.

Con todas estas medidas en marcha para los preferentistas, creo que fuimos capaces de resolver problemas concretos de personas que nunca deberían haber empleado sus ahorros en productos financieros no adecuados. Prácticamente todos los arbitrajes se resolvieron a favor del afectado (unos 320.000) y de hecho, la litigiosidad y la conflictividad en las calles cayeron en picado. En general, toda la aplicación del MoU derivada del rescate bancario se ha llevado a cabo al margen de los tribunales de Justicia. Esto es indicativo de lo bien que se diseñó, la claridad de los mandatos y la satisfacción de las dos partes. Los buenos acuerdos son los que se pueden cumplir, y ahí fuimos estrictos y puntuales.

Los minoristas de Bankia

La misma filosofía de evitar pleitos es la que ha marcado la estrategia que hemos seguido en el *caso Bankia* que se abrió en la Audiencia Nacional por la salida a Bolsa a mediados de 2011. El juez decidió un año más tarde aceptar una querella presentada por el partido UPyD y la imputación de 33 directivos y consejeros de la entidad por los delitos de apropiación indebida, falsificación de cuentas anuales, administración fraudulenta o desleal y maquinación para alterar el precio de las cosas. Entre ellos, Rodrigo Rato y José Luis Olivas, más representantes de partidos políticos y organizaciones sociales.

El juez me llamó a declarar como testigo y respondí por escrito a todas las preguntas. Al final, me vi en la obligación de puntualizar que «en el momento de la salida a Bolsa de Bankia, yo no formaba parte del Gobierno, de ahí que conozca el proceso por la información que se hizo pública en su momento». Nadie del Gobierno anterior pasó por el mismo trámite pese a que, obviamente, la salida a Bolsa de Bankia se produjo durante la etapa socialista.

Mi posición respecto de la salida a Bolsa de Bankia la expresé también en el Parlamento y a preguntas del PSOE: «El problema de partida es que ustedes no tomaron las medidas que debían. En vez de sanear, reestructurar y recapitalizar el sector bancario, su gestión se limitó a una huida hacia adelante para ganar tiempo y dejar que el siguiente Gobierno (es decir, este), se encontrara irremediablemente con el rescate financiero de España».

El siguiente hito en el macroproceso de Bankia fue la sentencia del Tribunal Supremo del 3 de febrero de 2016, que resolvió dos demandas interpuestas por pequeños inversores que acudieron a la salida a Bolsa. El Supremo justificó la nulidad de la suscripción de acciones de Bankia en la existencia de «grave inexactitud del folleto de la OPS [Oferta Pública de Suscripción]» que llevó a los demandantes a un «error en el consentimiento». El Supremo consideró que los pequeños inversores tuvieron más dificultades para acceder a los datos económicos relevantes frente a los «cualificados».

Esta distinción nos despejó el camino para ofrecer a los aproximadamente 220.000 pequeños accionistas de Bankia la posibilidad de un acuerdo extrajudicial a cambio de la renuncia a los pleitos. La entidad estableció un procedimiento ágil, sencillo y remunerado. Al cierre del proceso a finales de mayo de 2016, 190.000 pequeños inversores habían recuperado su dinero por importe de 1.200 millones de euros y, de ellos, 135.000 se habían acogido al acuerdo extrajudicial. Estaban pendientes de resolver unos 30.000 procedimientos. Bankia consideró que, mediante este mecanismo, ahorraría en litigios más de 500 millones de euros, con gran disgusto probablemente de algunos despachos de abogados con agresivas campañas publicitarias. El Ministerio de Economía, por su parte, en base a un dictamen del Consejo de Estado, resolvió que ni la CNMV ni él mismo tenían responsabilidad patrimonial alguna en la salida a Bolsa de Bankia.

El caso Bankia tuvo una deriva que no esperábamos. A mediados de 2014 me vino a ver su presidente, José Ignacio Goirigolzarri, para informarme de que habían detectado un uso irregular de tarjetas de crédito por parte de consejeros y directivos tanto de Caja Madrid como de Bankia. La utilización abarcaba los años 2003 a 2012, es decir, tanto la etapa de la presidencia de Miguel Blesa como la posterior de Rodrigo Rato. El equipo del actual presidente de Bankia había encargado una auditoría de la entidad tras una grabación en la que se hablaba de unas denominadas *tarjetas black*. Bankia ya había sido nacionalizada con una inyección de cerca de 22.000 millones de euros de capital público.

El presunto fraude apenas superaba los 17 millones de euros. Para las cifras que manejamos en la reestructuración bancaria, esta no era significativa. Pero aquello fue la chispa que encendió la pradera. Bankia había protagonizado la mayor quiebra financiera de la historia de España, estuvo a punto de provocar el rescate completo de la economía española y absorbió más de la mitad de las ayudas europeas. Algunos de sus responsables tenían tarjetas para gastos de representación, que presuntamente se utilizaban para otro tipo de pagos, sin los controles habituales y sin que constara su tratamiento a efectos fiscales.

Nunca tuve un dilema moral al respecto. En cuanto me informaron del caso, mi respuesta fue que se ordenara la devolución de los importes y que se procediera según lo que los servicios jurídicos del FROB concluyeran que debía hacerse. El FROB había recibido el informe correspondiente de Bankia, que era quien tenía toda la información al respecto, en el que daba cuenta de lo sucedido. La entidad había encargado un dictamen externo sobre las posibles implicaciones penales del caso y concluía que no las había. El FROB, por el contrario, consideró que tal valoración correspondía a la Fiscalía. Y así se hizo. El caso se mandó a la Fiscalía Anticorrupción y la Audiencia Nacional imputó a 78 beneficiarios de las *tarjetas black* (finalmente han sido 66 los procesados), entre ellos nuevamente los expresidentes Blesa y Rato, más directivos y consejeros de partidos y organizaciones sociales.

Los casi seis meses que transcurrieron entre el envío del caso a la Fiscalía y la decisión del juez fueron de un ruido político enorme. Digamos que las balas me silbaban muy cerca. Alguna inquietud y situación tensa tuve en aquellos días, pero mi seguridad era que contaba con el respaldo del presidente del Gobierno. Las decisiones judiciales posteriores muestran que más arriesgado habría sido actuar de otra manera. De igual forma hemos procedido con las operaciones irregulares que detectamos (porque las buscamos) en las cajas de ahorros con ayudas públicas. El FROB ha enviado a la Fiscalía Anticorrupción 47 casos derivados de análisis *forensic* y está personado en 23 causas penales.

Se trata en su mayor parte de operaciones que se escapan a la racionalidad económica, con morosidad muy elevada, que no habían pasado por los órganos de control, más remuneraciones o indemnizaciones por despido indebidas. Hay varios ejemplos de esto último y quizá sea el de Catalunya Caixa el más relevante. La entidad es la que más recursos públicos ha recibido con relación a su tamaño. El FROB despidió a sus dos principales responsables, sin la indemnización de 1,2 millones de euros que ellos reclamaban. Hemos litigado hasta el Tribunal Supremo y, lamentablemente, perdimos.

Nuestro objetivo es recuperar hasta el último euro invertido, pagado o cobrado de manera irregular, algo sobre lo que los tribunales tienen la última palabra. Cada euro de ayuda devuelta al contribuyente cuenta, y es la obligación de los gobernantes procurar que así sea. Para la exigencia de responsabilidades, afortunadamente en España funcionan las instituciones, y a las decisiones judiciales es a lo que hay que atenerse. Sean las que sean y todos por igual.

10

APRENDER DE LOS ERRORES

Lecciones de la crisis y reformas emprendidas para configurar un nuevo modelo de crecimiento económico

La X Legislatura del Gobierno de Mariano Rajoy pasará a la historia como la de mayores dificultades para la economía española, solo comparable con el período de posguerra durante el siglo pasado. Desde que comenzó la recesión en 2008 hasta cinco años después, el PIB cayó el 9 % y se perdieron más de 3,5 millones de empleos. A partir de mediados de 2013, España empieza a cambiar de rumbo, hasta crecer por encima del 3 % en 2015 y en el primer semestre de 2016 y crear una media de medio millón de empleos anuales.

Creo que de los errores se aprende, pero no estamos a salvo de repetirlos. En estas páginas se ha descrito lo que pasó, las soluciones de emergencia que pusimos en marcha y las reformas estructurales. Es un relato, y habrá otros; cada uno es muy libre de sacar sus propias conclusiones. Las mías parten de una visión de los problemas desde el puente de mando y, por tanto, desde la responsabilidad y el riesgo. He explicado lo que nos encontramos y ahora toca hacer balance de cómo lo dejamos. Una experiencia que, al menos, debería servir para no elegir otra vez el rumbo equivocado.

Las dificultades forman parte de la vida, y ningún Gobierno está a salvo, ni en el mejor de los mundos, de los problemas. La primera lección de esta crisis es que hay que tener la honestidad de hablar claro. Anticipar la crisis, haber sido capaces de detectar a tiempo los conflictos que se gestaban, sin duda habría ahorrado muchos disgustos. La mala política se pone una venda en los ojos e impide reconocer lo que no va bien. El Gobierno de Mariano Rajoy habrá tenido defectos, como todos, pero no se le podrá acusar de ocultar la gravedad de la crisis.

Se suele hablar más de los ajustes; de las duras medidas que hubo que adoptar, como por ejemplo las subidas de impuestos. Había que reconducir el déficit, y creo que cualquier Gobierno responsable habría hecho más o menos lo mismo. Pero si no se hubieran acometido en paralelo otras medidas estructurales, la salida de la crisis habría sido peor y más lenta. Por ejemplo, la reforma del mercado laboral y la flexibilidad introducida permitieron que el despido no fuera la primera opción para empresas en dificultades.

Han sido medidas valientes que han podido pasar factura, pero de las que también se pueden extraer lecciones para el futuro. Nunca estuvo más en peligro el sistema del bienestar en España que durante estos años de crisis. La destrucción de empleo impide sostener los gastos sociales, salvo que se consiga dar la vuelta a la situación con reformas a fondo. Es lo que se hizo y lo que permitió que, por ejemplo, las pensiones mejoraran el poder adquisitivo durante la X Legislatura.

España ha salido de la recesión y va a superar la crisis sin que las medidas para afrontarla hayan supuesto una merma del gasto social. Las partidas destinadas a Sanidad y Educación, más las prestaciones por desempleo y las pensiones, han elevado su peso con relación al PIB en el balance de los cuatro años de Gobierno de Mariano Rajoy. La clave es la recuperación del crecimiento y la creación de empleo. La mejor lección de la crisis es que sin la mejora de la actividad económica y la reducción del desempleo no hay política social viable.

Un Gobierno debe actuar con independencia, mirando por el interés general, sin atarse a grupos de interés. Otra lección, y de las más importantes. En los primeros meses de 2012 hubo que aplicar al sector financiero un plan de saneamiento de los balances para provisionar los activos inmobiliarios, tanto los dañados como los sanos. Esto afectó a la cuenta de resultados de las entidades e hizo sufrir a los accionistas... pero sin ese proceso hoy no veríamos una recuperación económica. No habría financiación para inversiones y la creación de empleo estaría paralizada.

Las crisis deben servir para moralizar la vida pública. Siguiente enseñanza. La burbuja inmobiliaria se produjo por un exceso de crédito y derivó en prácticas de enriquecimiento con pocos escrúpulos y escasamente vigiladas. Fue el caldo de cultivo de los casos de corrupción que se han conocido con el tiempo, que han estallado en plena recesión económica y que se mantienen con procesos judiciales aún abiertos. El impacto social siempre es terrible —aunque sus protagonistas sean una minoría—, pero mucho más cuando se sufre una crisis y las familias pasan dificultades. Nunca más, hay que decir una y mil veces.

La transparencia es el mejor de los antídotos. España sufrió una crisis de confianza que estuvo a punto de conducirnos al rescate completo de la economía. Heredamos un déficit público de más de 90.000 millones de euros y cero credibilidad para financiarlo. Nos encontramos con un sector financiero muy cuestionado. La combinación perfecta para verse empujado al abismo. Reconocimos el desequilibrio fiscal y sometimos los balances de los bancos a un análisis exhaustivo. De haber procedido mucho antes de esta manera, las medidas contra la crisis habrían sido más graduales; menos dolorosas, por tanto.

Formar parte de la Unión Europea, y en concreto de la zona euro, es una condición que no debemos poner en peligro. Tiene muchas ventajas desde el punto de vista económico. De hecho, España ha vivido la etapa de mayor prosperidad desde la pertenencia hace 30 años a la entonces Comunidad Económica Europea. Pero lo más importante es que las normas de la UE y de la zona euro proporcionan un escudo contra los errores en política económica y son el mejor cortafuegos frente a los populismos. Los partidos que hacen propuestas que no encajan con la manera de funcionar en Europa y que no respetan los compromisos adquiridos, nos llevarían a cometer errores mayúsculos. Quizá distintos a los que hemos visto, pero con el mismo resultado: la recesión y el paro.

España sufrió un deterioro de la competitividad muy importante desde la pertenencia del euro, y especialmente en los años previos a la crisis. Ello pese a estar, teóricamente, bajo el paraguas del euro. La burbuja de crédito se financió con aumento de la deuda externa, sin que la economía española fuera capaz de generar suficientes ahorros. El desequilibrio exterior alcanzó máximos históricos del 10,8 % del PIB a principios de 2008. La economía española nunca fue tan vulnerable, y aún le queda un trecho por recorrer al respecto. Pero desde 2013 tenemos superávit externo, lo que significa estabilidad y seguridad frente a los vaivenes en los mercados. Hemos mejorado las defensas.

Salir de la crisis con esta fortaleza es un activo fundamental. Hemos creado las condiciones para que el superávit exterior se mantenga en el futuro, algo excepcional en períodos de crecimiento económico. La explicación es que las reformas, en especial la del mercado laboral, han aumentado la competitividad de la economía española. Las exportaciones representan ahora el 33 % del PIB, casi diez puntos más que al inicio de la crisis. Hemos creado las condiciones para que las empresas puedan competir en calidad y precio en los mercados exteriores. Dar marcha atrás en este cambio estructural sería otro gran error.

La burbuja de crédito se está desinflando, en un proceso que también debe continuar. El endeudamiento privado se ha reducido en 45 puntos desde el máximo de 218 % del PIB en 2008, lo cual es compatible con incrementos del crédito nuevo para empresas y familias. La reforma (saneamiento y recapitalización) del sector financiero está en el origen de esta tendencia, fundamental para la recuperación económica. Es, a la vez, la mejor medicina preventiva. Los bancos españoles están hoy mejor preparados para afrontar situaciones complejas, como las derivadas de los bajos tipos de interés o el Brexit. Es importante mantener la vigilancia.

España debe seguir adelante con el proceso de reducción del déficit y de la deuda públicos. Forma parte de los compromisos asumidos con Europa, aunque nadie nos lo exigiera. Un país que vierte en el desequilibrio fiscal todas sus ineficiencias no está a salvo de perder la autonomía en su política económica. Es el riesgo a evitar. Hemos hecho lo más difícil, que consiste en reducir el déficit público prácticamente a la mitad durante un largo período de recesión económica. Ahora la economía crece y es posible seguir reduciendo el déficit sin estrangular la creación de riqueza, e incluso bajando impuestos.

La deuda pública es lo que ha quedado al retirarse la marea de la crisis. Son los restos del naufragio. Explicar la verdad de cómo hemos llegado a rozar el 100 % del PIB es una buena guía de las situaciones a las que no se debe llegar. Heredamos un déficit público que en 2009 superó los

100.000 millones de euros, y hubo que financiarlo. El préstamo europeo para la recapitalización del sistema financiero aumentó la deuda pública, igual que el pago a proveedores de comunidades y ayuntamientos y la aportación solidaria española a los rescates de Grecia, Irlanda y Portugal por un total que supera los 30.000 millones de euros.

Si no hubiéramos recuperado la credibilidad y la confianza de los mercados, el problema de la deuda pública nos habría arrastrado. Las decisiones adoptadas, junto con una mejora de las condiciones de financiación en la zona euro, permitieron al Tesoro público español financiarse desde la segunda parte de la Legislatura a los tipos más bajos de la historia en cuanto a costes de emisión y alargar la vida media de la deuda a niveles también récord en los primeros meses de 2016. Realizar emisiones a tipos negativos y a cincuenta años es algo que no estaba ni en el mejor de mis sueños cuando fui nombrado ministro.

Cada año, a partir de 2013, se han producido ahorros de cerca de 22.000 millones de euros respecto de lo presupuestado, lo que ha permitido preservar el gasto en partidas sociales, como el desempleo. Y en cuanto al volumen de deuda, en 2015 hemos cambiado la tendencia por primera vez desde que comenzó la crisis y ahora el porcentaje sobre PIB evoluciona a la baja, y así debe seguir. Los mercados nos van a analizar en función de si somos capaces de mantener esta trayectoria de descenso; luego, debemos estar muy vigilantes.

El bienestar de los ciudadanos se medirá de forma más inmediata por las cifras de creación de empleo. Espero dar por concluida la crisis a finales de 2016 o principios del 2017 en cuanto a la recuperación de los niveles de renta previos al retroceso económico. Pero no creo que podamos darnos por satisfechos hasta que consigamos el mismo nivel de empleo que existía en España antes de la crisis, es decir, hasta volver a tener 20 millones de personas empleadas. Este es el principal desafío que desde el punto de vista humano, social y económico tenemos en España.

Nuestra previsión es que la cifra de los 20 millones se alcance en 2019 e incluso antes si, como no es descartable, el crecimiento español sigue fuerte y se mantiene por encima de la media entre los grandes países de la zona euro. España está sorteando bien (mediados de 2016) un entorno internacional complejo derivado de la ralentización del crecimiento mundial, el Brexit, el abaratamiento de los precios de las materias primas, la volatilidad de los mercados, el agotamiento del margen de actuación de la política monetaria y la baja inflación. A diferencia de lo que nos sucedió en el pasado, los deberes más importantes, urgentes o difíciles se han hecho. Ahora toca, al menos, no dar marcha atrás.

Es posible que la creación de empleo se mantenga si no se cometen errores de política económica. El reto que deberíamos plantearnos es mejorar la calidad del empleo. La reforma laboral no ha precarizado el empleo; al contrario, la tasa de temporalidad se encontraba en el 25 % en los primeros meses de 2016, cinco puntos menos que cuando comenzó la crisis. Pero es cierto que España se encuentra al respecto entre los países con mayor porcentaje de empleo temporal de la zona euro. Debemos adoptar medidas para favorecer la contratación indefinida. Debemos también mejorar la empleabilidad de los parados de larga duración mediante medidas eficaces de reinserción en el mercado laboral y políticas activas más eficientes.

La moderación salarial ha sido parte esencial en la salida de la crisis. Pero gracias a la inflación negativa en estos últimos años, las rentas salariales no han perdido poder adquisitivo. Las situaciones de pobreza o el aumento de la desigualdad se han derivado del desgarro social provocado por la masiva destrucción de empleo durante la recesión. La población en riesgo de pobreza aumentó durante esos años y ha supuesto una verdadera prueba de fuego para un país que finalmente ha demostrado una alta cohesión y solidaridad social y familiar. A medida que el problema del paro retrocede, las heridas de la crisis se van cerrando. Esta es la mejor receta.

Creo que la X Legislatura estuvo muy bien aprovechada porque no solo evitamos el rescate completo de la economía: adoptamos medidas de choque e hicimos reformas estructurales, mejoramos el funcionamiento de algunos importantes mercados de bienes y servicios e intentamos resolver los problemas concretos con que nos encontramos. España estuvo amenazada por errores propios, de los que espero todos hayamos sacado las consecuencias para no repetirlos en el futuro.

AGRADECIMIENTOS

Hemos cerrado una etapa tras la que creo, sinceramente, que dejamos una España mejor que la que nos encontramos. Un período de dificultades extraordinarias que aún no están totalmente superadas, pero cuya perspectiva ha cambiado de forma radical. Al presidente Mariano Rajoy le doy las gracias por haberme dado la oportunidad de hacer este servicio a mi país, y al resto de mis compañeros de Gobierno, especialmente a José Manuel Soria, por su aportación.

Me han acompañado personas de una alta cualificación profesional, gran capacidad de trabajo, entrega y lealtad. La secretaria de Estado de Ciencia, Carmen Vela, ha actuado como verdadera ministra, con el apoyo de la secretaria general, María Luisa Poncela, en los dos primeros años en que no pude dedicarle a esta área toda la atención que merece y que me hubiera gustado. El secretario de Estado de Comercio, Jaime García Legaz, se ocupó igualmente de los avances en la liberalización de un sector básico para nuestro crecimiento y de la internacionalización de la economía española.

La solución de los problemas que afrontamos absorbió casi todas mis energías en aquella primera etapa. El entonces secretario general del Tesoro, Íñigo Fernández de Mesa, y el secretario de Estado de Economía, Fernando Jiménez Latorre, se batieron el cobre en los mercados y ante los organismos internacionales, en viajes y jornadas de trabajo interminables, para evitar el rescate de la economía. El subsecretario, Miguel Temboury, puso negro sobre blanco todas las complejas reformas legales que hemos impulsado, además de estar en primera línea en la solución de conflictos como los desahucios o las preferentes.

Mis sucesivas jefas de Gabinete, Rosa María Sánchez-Yebra, Emma Navarro y Cristina Fernández, me han dado soporte en los momentos más difíciles con una gran dedicación y calidad profesional. Mi jefa de Prensa, Concha Martín —y su sentido común a la hora de gestionar la relación con los medios—, ha sido de gran ayuda en situaciones delicadas. El equipo más cercano se completa con mi secretaria personal, Eva Ortiz, quien ha gestionado mi complicado día a día en estos años, con inteligencia, discreción y paciencia. Y, por supuesto, mi reconocimiento a la importante labor de los empleados del Ministerio de Economía y Competitividad, en especial a los que han formado parte de mi Gabinete.

Por último, pero no en último lugar, mi agradecimiento a mi mujer Belén y a mis hijos Belén e Íñigo, por su apoyo incondicional durante estos años y su comprensión por mis ausencias, tanto materiales como mentales, de las que espero poder compensarlos con creces.

ANEXOS

ANEXO I

El relato de lo sucedido en esta etapa quedaría incompleto si no se mencionan otras reformas llevadas a cabo en estos últimos años. Son medidas que están también detrás de la recuperación de la economía española por lo que suponen de mejora del funcionamiento de los mercados de bienes y servicios. En el comercio minorista, por ejemplo, la liberalización de los horarios comerciales ha sido un factor de impulso del consumo y de creación de empleo. Se han eliminado además las licencias municipales de apertura para establecimientos de hasta 750 metros, con lo que se han suprimido retrasos burocráticos.

La Ley de Garantía de Unidad de Mercado ha hecho frente a la dispersión de normas en las 17 comunidades autónomas con el objetivo de suprimir las trabas a la libre circulación de bienes y servicios en todo el territorio nacional. La filosofía básica es que basta cumplir la normativa de una comunidad autónoma para que una empresa pueda vender sus productos en todo el territorio nacional. Existe un control sistemático de todos los incumplimientos que se detectan y un mecanismo para su resolución. La obtención de visados y permisos de residencia a inversores, emprendedores, investigadores y profesionales se ha agilizado y facilitado con el objetivo de atraer talento e inversiones.

En el terreno de las comisiones se ha actuado en dos frentes. En el comercial, se han limitado las denominadas tasas de intercambio en los pagos con tarjeta. Las comisiones de los cajeros de los bancos también se han limitado para quienes sacan dinero de una entidad distinta a la suya. Se ha suprimido la doble comisión y se ha fijado como importe máximo la cantidad que el banco propietario del cajero cobra a la entidad del cliente. La flexibilización del mercado de alquiler y la mejora de los canales para que las empresas accedan a la financiación no bancaria completan las principales medidas adoptadas en el ámbito de la microeconomía.

Al margen del problema de los desahucios, tuvimos también que revisar el funcionamiento del mercado hipotecario, en algunos aspectos debido a sentencias de los tribunales europeos. El objetivo que perseguimos fue el equilibrio entre el deudor y las entidades financieras en los procedimientos de ejecución hipotecaria. Se limitaron los intereses de demora a tres veces el interés legal del dinero y se reforzó la independencia de las sociedades de tasación. El inicio del procedimiento de ejecución se retrasó de uno a tres meses, y se limitó a 30 años el plazo máximo para la titulización de hipotecas con el fin de incentivar períodos de amortización más prudentes. Se modificó además el procedimiento de ejecución hipotecaria para flexibilizarlo y proteger al deudor. En particular, se permitió la paralización del procedimiento de ejecución si se detectaban cláusulas abusivas.

La crisis dejó también al descubierto las ineficiencias en materia de gobierno corporativo de las empresas. Actuamos sobre los sueldos de los gestores de entidades con ayudas públicas y pusimos límites y recursos en los tribunales al cobro de indemnizaciones. Para el conjunto de las sociedades cotizadas, redujimos del 5 % al 3 % el capital necesario para ejercer los derechos en minoría, la duración del puesto de consejero independiente se limitó a 12 años y la política de remuneraciones se sometió a la junta de accionistas con carácter vinculante, entre otras mejoras. La reforma de la Ley de Auditoría, como adaptación de la directiva europea, ha reforzado además la independencia de los auditores.

Junto con estas mejoras, hemos pretendido también dar una salida a aquellas empresas, sobre todo pymes, que acumularon mucha deuda durante el período de la burbuja, pero que eran y son viables desde el punto de vista del negocio. Se facilitaron y agilizaron los procedimientos en fase preconcursal con el fin de evitar el concurso de estas empresas. En concreto, se modificó el régimen de los acuerdos de refinanciación para poder extender sus efectos a los acreedores garantizados sin merma del valor de su garantía, e incluir quitas y capitalización de las deudas, además de aplazamientos en los pagos. Después se mejoró también la fase concursal, para perfeccionar el engranaje entre el convenio concursal y los acuerdos de refinanciación y la eliminación de los obstáculos legales para la venta de empresas o unidades productivas sin cargas.

El elevado endeudamiento y las dificultades para salir adelante no solo afectaron a las grandes empresas. Hubo muchas pymes atrapadas y también personas físicas, a las que se ha pretendido ofrecer una solución mediante una norma que denominamos de «segunda oportunidad». Los procedimientos de refinanciación de deuda se han simplificado, y durante las negociaciones con los acreedores se han suspendido las ejecuciones de bienes necesarios para la actividad, incluida en su caso la vivienda habitual. El deudor de buena fe puede quedar liberado de sus deudas pendientes si cumple un plan de pagos o hace un esfuerzo importante para ello.

El campo de la Ciencia ha sido de los más complejos de gestionar durante los primeros años de austeridad presupuestaria. Con el tiempo y la eliminación de gastos superfluos, las dotaciones para I+D+i llevan tres ejercicios de crecimiento sostenido. Se ha rediseñado la carrera científica para hacerla sostenible, estable y con mejores condiciones laborales. Se han potenciado los centros y unidades de excelencia mejorando las ventajas asociadas a este reconocimiento. Los centros, universidades y empresas han obtenido buenos resultados en el programa europeo de investigación e innovación, lo que se traduce en mejoras de competitividad. En el ámbito empresarial se han desarrollado por primera vez instrumentos de apoyo a las empresas innovadoras a través de mecanismos de participación en su capital y orientados a facilitar el crecimiento, la expansión y la internacionalización de estas empresas. El círculo se cierra con la puesta en marcha de la Agencia Estatal de Investigación, uno de los principales compromisos del Gobierno con los investigadores.

ANEXO II

A continuación se ofrece un resumen de las normas en materia económica aprobadas durante la X Legislatura, por rango legal y materia que se modifica.

A. Sector financiero

1. Real Decreto-ley 2/2012, de 3 de febrero, de saneamiento del sector financiero.
2. Real Decreto-ley 10/2012, de 23 de marzo, por el que se modifican determinadas normas financieras en relación con las facultades de las Autoridades Europeas de Supervisión.
3. Real Decreto 778/2012, de 4 de mayo, de régimen jurídico de las entidades de dinero electrónico.
4. Real Decreto 1336/2012, de 21 de septiembre, por el que se modifican determinados reales decretos en relación con las facultades de las Autoridades Europeas de Supervisión.
5. Ley 8/2012, de 30 de octubre, sobre saneamiento y venta de los activos inmobiliarios del sector financiero (procedente del Real Decreto-ley 18/2012, de 11 de mayo).

6. Real Decreto 1559/2012, de 15 de noviembre, por el que se establece el régimen jurídico de las sociedades de gestión de activos.
7. Real Decreto 256/2013, de 12 de abril, por el que se incorporan a la normativa de las entidades de crédito los criterios de la Autoridad Bancaria Europea de 22 de noviembre de 2012, sobre la evaluación de la adecuación de los miembros del órgano de administración y de los titulares de funciones clave.
8. Real Decreto-ley 14/2013, de 29 de noviembre, de medidas urgentes para la adaptación del derecho español a la normativa de la Unión Europea en materia de supervisión y solvencia de entidades financieras.
9. Ley 26/2013, de 27 de diciembre, de cajas de ahorros y fundaciones bancarias.
10. Real Decreto 304/2014, de 5 de mayo, por el que se aprueba el Reglamento de la Ley 10/2010, de 28 de abril, de prevención del blanqueo de capitales y de la financiación del terrorismo.
11. Ley 10/2014, de 26 de junio, de ordenación, supervisión y solvencia de entidades de crédito.
12. Real Decreto 579/2014, de 4 de julio, por el que se desarrollan determinados aspectos de la Ley 14/2013, de 27 de septiembre, de apoyo a los emprendedores y su internacionalización, en materia de cédulas y bonos de internacionalización.
13. Ley 22/2014, de 12 de noviembre, por la que se regulan las entidades de capital-riesgo, otras entidades de inversión colectiva de tipo cerrado y las sociedades gestoras de entidades de inversión colectiva de tipo cerrado, y por la que se modifica la Ley 35/2003, de 4 de noviembre, de Instituciones de Inversión Colectiva.

14. Real Decreto 83/2015, de 13 de febrero, por el que se modifica el Real Decreto 1082/2012, de 13 de julio, por el que se aprueba el Reglamento de desarrollo de la Ley 35/2003, de 4 de noviembre, de instituciones de inversión colectiva.
15. Real Decreto 321/2015, de 24 de abril, por el que se modifican el Real Decreto 677/1993, de 7 de mayo, por el que se aprueba el Reglamento de procedimiento para la concesión de apoyo oficial al crédito a la exportación mediante convenios de ajuste recíproco de intereses y el Real Decreto 1226/2006, de 27 de octubre, por el que se regulan las actividades y el funcionamiento del fondo para inversiones en el exterior y el fondo para operaciones de inversión en el exterior de la pequeña y mediana empresa.
16. Ley 5/2015, de 27 de abril, de fomento de la financiación empresarial.
17. Real Decreto 358/2015, de 8 de mayo, por el que se modifica el Real Decreto 217/2008, de 15 de febrero, sobre el régimen jurídico de las empresas de servicios de inversión y de las demás entidades que prestan servicios de inversión y por el que se modifica parcialmente el Reglamento de la Ley 35/2003, de 4 de noviembre, de Instituciones de Inversión Colectiva, aprobado por el Real Decreto 1309/2005, de 4 de noviembre.
18. Ley 20/2015, de 14 de julio, de ordenación, supervisión y solvencia de las entidades aseguradoras y reaseguradoras.
19. Orden ECC/149/2012, de 30 de enero, por la que se desarrolla el apartado Dos. b) del artículo 49 de la Ley 39/2010, de 22 de diciembre, de Presupuestos Generales del Estado para el año 2011.

20. Orden ECC/159/2013, de 6 de febrero, por la que se modifica la parte II del anexo I de la Ley 16/2011, de 24 de junio, de contratos de crédito al consumo.
21. Orden ECC/371/2013, de 4 de marzo, por la que se modifica la Orden ECO/805/2003, de 27 de marzo, sobre normas de valoración de bienes inmuebles y de determinados derechos para ciertas finalidades financieras.
22. Orden ECC/747/2013, de 25 de abril, por la que se modifica la Orden ECO/697/2004, de 11 de marzo, sobre la Central de Información de Riesgos.
23. Orden ECC/1908/2013, 17 de octubre, por la que se establece el procedimiento para la contratación y formalización de operaciones de crédito a celebrar con el Banco Europeo de Inversiones con la finalidad de financiar proyectos de competencia de los distintos departamentos ministeriales.
24. Orden ECC/1/2014, de 2 de enero, por la que se dispone la creación de Deuda del Estado durante el año 2014 y enero de 2015 y se recogen las Cláusulas de Acción Colectiva normalizadas.
25. Orden ECC/2253/2014, de 2 de diciembre, por la que se modifica la Orden ECC/1908/2013, de 17 de octubre, por la que se establece el procedimiento para la contratación y formalización de operaciones de crédito a celebrar con el Banco Europeo de Inversiones con la finalidad de financiar proyectos de competencia de los distintos departamentos ministeriales, con el fin de incluir las operaciones de crédito a celebrar con el Banco de Desarrollo del Consejo de Europa.
26. Orden ECC/4/2015, de 13 de enero, por la que se dispone la creación de Deuda del Estado durante el año 2015 y enero de 2016.

B. Protección de deudores y ahorradores (preferentes, viviendas)

1. Real Decreto-ley 6/2012, de 9 de marzo, de medidas urgentes de protección de deudores hipotecarios sin recursos.
2. Real Decreto 1082/2012, de 13 de julio, por el que se aprueba el Reglamento de desarrollo de la Ley 35/2003, de 4 de noviembre, de instituciones de inversión colectiva.
3. Real Decreto 1698/2012, de 21 de diciembre, por el que se modifica la normativa vigente en materia de folleto y de requisitos de transparencia exigibles en las emisiones de valores por la transposición de la Directiva 2010/73/UE.
4. Real Decreto-ley 6/2013, de 22 de marzo, de protección a los titulares de determinados productos de ahorro e inversión y otras medidas de carácter financiero.
5. Ley 1/2013, de 14 de mayo, de medidas para reforzar la protección a los deudores hipotecarios, reestructuración de deuda y alquiler social (procedente del Real Decreto-ley 27/2012, de 15 de noviembre).

C. Insolvencia

1. Ley 9/2012, de 14 de noviembre, de reestructuración y resolución de entidades de crédito (procedente del Real Decreto-ley 24/2012, de 31 de agosto).
2. Ley 17/2014, de 30 de septiembre, por la que se adoptan medidas urgentes en materia de refinanciación y reestructuración de deuda empresarial (procedente del Real Decreto-Ley 4/2014, de 7 de marzo).

3. Ley 9/2015, de 25 de mayo, de medidas urgentes en materia concursal (procedente del Real Decreto-Ley 11/2014, de 5 de septiembre).
4. Ley 11/2015, de 18 de junio, de recuperación y resolución de entidades de crédito y empresas de servicios de inversión.
5. Ley 25/2015, de 28 de julio, de mecanismo de segunda oportunidad, reducción de carga financiera y otras medidas de orden social (procedente del Real Decreto-Ley 1/2015, de 27 de febrero).

D. Liberalización

1. Ley 12/2012, de 26 de diciembre, de medidas urgentes de liberalización del comercio y de determinados servicios (procedente del Real Decreto-ley 19/2012, de 25 de mayo).
2. Real Decreto 404/2013, de 7 de junio, por el que se modifica el Real Decreto 1786/2009, de 20 de noviembre, por el que se regula la iniciativa de apoyo financiero a la modernización y mejora del comercio interior.
3. Ley 20/2013, de 9 de diciembre, de garantía de la unidad de mercado.

E. Mejora de la regulación societaria

1. Ley 31/2014, de 3 de diciembre, por la que se modifica la Ley de Sociedades de Capital para la mejora del gobierno corporativo.
2. Real Decreto 84/2015, de 13 de febrero, por el que se

desarrolla la Ley 10/2014, de 26 de junio, de ordenación, supervisión y solvencia de entidades de crédito.

3. Ley 22/2015, de 20 de julio, de Auditoría de Cuentas.
4. Orden ECC/461/2013, de 20 de marzo, por la que se determinan el contenido y la estructura del informe anual de gobierno corporativo, del informe anual sobre remuneraciones y de otros instrumentos de información de las sociedades anónimas cotizadas, de las cajas de ahorros y de otras entidades que emitan valores admitidos a negociación en mercados oficiales de valores.

F. Mejora institucional (Desindexación, CNMC, Pago a Proveedores)

1. Real Decreto 303/2012, de 3 de febrero, por el que se regula el Comité Consultivo de la Comisión Nacional del Mercado de Valores.
2. Real Decreto-ley 7/2012, de 9 de marzo, por el que se crea el Fondo para la financiación de los pagos a proveedores.
3. Real Decreto-ley 21/2012, de 13 de julio, de medidas de liquidez de las Administraciones Públicas y en el ámbito financiero.
4. Ley 3/2013, de 4 de junio, de creación de la Comisión Nacional de los Mercados y la Competencia.
5. Ley 4/2014, de 1 de abril, Básica de las Cámaras Oficiales de Comercio, Industria, Servicios y Navegación.
6. Ley 8/2014, de 22 de abril, de Cobertura por cuenta del Estado de los riesgos de la internacionalización de la economía española.
7. Ley 16/2014, de 30 de septiembre, por la que se regulan las tasas de la Comisión Nacional del Mercado de Valores.

8. Real Decreto 1006/2014, de 5 de diciembre, por el que se desarrolla la Ley 8/2014, de 22 de abril, sobre cobertura por cuenta del Estado de los riesgos de la internacionalización de la economía española.
9. Ley 2/2015, de 30 de marzo, de desindexación de la economía española.
10. Real Decreto 669/2015, de 17 de julio, por el que se desarrolla la Ley 4/2014, de 1 de abril, Básica de las Cámaras Oficiales de Comercio, Industria, Servicios y Navegación.
11. Orden ECC/1446/2012, de 29 de junio, por la que se crean y regulan la Junta de Contratación y la Mesa única de contratación del Ministerio de Economía y Competitividad.
12. Orden ECC/2438/2012, de 1 de octubre, por la que se aprueba el modelo de autoliquidación y pago de la tasa prevista en el artículo 44 del Texto refundido de la Ley de Auditoría de Cuentas, aprobada por el Real Decreto Legislativo 1/2011, de 1 de julio.
13. Orden ECC/2398/2012, de 29 de octubre, por la que se regula el sistema de notificación en los procedimientos sancionadores en materia estadística regulados por el Reglamento de procedimiento administrativo sancionador de las infracciones por incumplimiento de las obligaciones establecidas en la Ley de la Función Estadística Pública, aprobado por el Real Decreto 1572/1993, de 10 de septiembre.
14. Orden ECC/2741/2012, de 20 de diciembre, de desarrollo metodológico de la Ley Orgánica 2/2012, de 27 de abril, de Estabilidad Presupuestaria y Sostenibilidad Financiera sobre el cálculo de las previsiones tendenciales de ingresos y gastos y de la tasa de referencia de la economía española.

15. Orden PRE/1136/2013, de 18 de junio, por la que se modifica la Orden PRE/1576/2002, de 19 de junio, por la que se regula el procedimiento para el pago de obligaciones de la Administración General del Estado.
16. Orden PRE/1540/2013, de 2 de agosto, por la que se modifica la Orden de 25 de febrero de 2000, por la que se crea y regula el Índice Nacional de Defunciones.
17. Orden ECC/1555/2013, de 2 de agosto, por la que se modifica la Orden EHA/2242/2010, de 29 de julio, por la que se regulan los ficheros de datos de carácter personal existentes en el Ministerio de Economía y Hacienda y en determinados organismos públicos adscritos al mismo.
18. Orden ECC/2257/2013, de 26 de noviembre, por la que se modifica el anexo de la Orden PRE/3026/2003, de 30 de octubre, por la que se dictan normas de inspección y control para las Direcciones Regionales y Territoriales de Comercio.
19. Orden ECC/2515/2013, de 26 de diciembre, por la que se desarrolla el artículo 86.2 de la Ley 24/1988, de 28 de julio, del Mercado de Valores.
20. Orden ECC/65/2014, de 14 de enero, por la que se regula la Comisión de Valoración Técnico Profesional de las Oficinas Económicas y Comerciales en el Exterior.
21. Orden ECC/131/2014, de 30 de enero, por la que se crean las sedes electrónicas del Ministerio de Economía y Competitividad.
22. Orden ECC/493/2014, de 27 de marzo, por la que se modifica la Orden ECC/2741/2012, de 20 de diciembre, de desarrollo metodológico de la Ley Orgánica 2/2012, de 27 de abril, de Estabilidad Presupuestaria y Sostenibilidad Financiera sobre el cálculo de las previ-

siones tendenciales de ingresos y gastos y de la tasa de referencia de la economía española.

23. Orden ECC/2503/2014, de 29 de diciembre, por la que se crea el fichero de datos de carácter personal denominado «Fichero de Titularidades Financieras».
24. Orden ECC/2549/2014, de 29 de diciembre, por la que se modifica la Orden EHA/2242/2010, de 29 de julio, por la que se regulan los ficheros de datos de carácter personal existentes en el Ministerio de Economía y Competitividad y en determinados organismos públicos adscritos al mismo.
25. Orden ECC/51/2015, de 22 de enero, por la que se aprueban los modelos oficiales de liquidación y autoliquidación de las tasas establecidas por la Ley 16/2014, de 30 de septiembre, por la que se regulan las tasas de la Comisión Nacional del Mercado de Valores.
26. Orden ECC/831/2015, de 23 de abril, por la que se regulan los ficheros de datos de carácter personal del Centro de Investigaciones Energéticas, Medioambientales y Tecnológicas.
27. Orden ECC/1263/2015, de 17 de junio, por la que se modifica la Orden CIN/1505/2010, de 27 de mayo, por la que se crean, modifican y suprimen ficheros automatizados de datos de carácter personal del Ministerio de Ciencia e Innovación.
28. Orden ECC/1264/2015, de 18 de junio, por la que se modifica la Orden EHA/2242/2010, de 29 de julio, por la que se regulan los ficheros de datos de carácter personal existentes en el Ministerio de Economía y Hacienda y en determinados organismos públicos adscritos al mismo.

G. Estadística y padrón

1. Real Decreto 456/2012, de 5 de marzo, por el que se aprueba el Programa anual 2012 del Plan Estadístico Nacional 2009-2012.
2. Real Decreto 1658/2012, de 7 de diciembre, por el que se aprueba el Plan Estadístico Nacional 2013-2016.
3. Real Decreto 1697/2012, de 21 de diciembre, por el que se declaran oficiales las cifras de población resultantes de la revisión del padrón municipal referidas al 1 de enero de 2012.
4. Real Decreto 90/2013, de 8 de febrero, por el que se aprueba el Programa anual 2013 del Plan Estadístico Nacional 2013-2016.
5. Real Decreto 1016/2013, de 20 de diciembre, por el que se declaran oficiales las cifras de población resultantes de la revisión del Padrón municipal referidas al 1 de enero de 2013.
6. Real Decreto 1017/2013, de 20 de diciembre, por el que se aprueba el Programa anual 2014 del Plan Estadístico Nacional 2013-2016.
7. Real Decreto 1007/2014, de 5 de diciembre, por el que se declaran oficiales las cifras de población resultantes de la revisión del Padrón municipal referidas al 1 de enero de 2014.
8. Real Decreto 1085/2014, de 19 de diciembre, por el que se aprueba el Programa anual 2015 del Plan Estadístico Nacional 2013-2016.
9. Real Decreto 265/2015, de 10 de abril, por el que se modifica el Real Decreto 1658/2012, de 7 de diciembre, por el que se aprueba el Plan Estadístico Nacional 2013-2016.
10. Orden ECC/1758/2014, de 23 de septiembre, por la que se modifica la Orden EHA/2264/2010, de 20 de

julio, por la que se dictan normas e instrucciones técnicas para la formación del censo electoral de residentes en España que sean nacionales de países con Acuerdos para las elecciones municipales (INE)

H. Subvenciones y préstamos

1. Orden ECC/1808/2012, de 18 de julio, por la que se modifica la Orden CIN/1729/2011, de 9 de junio, por la que se establecen las bases reguladoras para la concesión de subvenciones destinadas a fomentar la cooperación estable público-privada en investigación y desarrollo (I+D), en áreas de importancia estratégica para el desarrollo de la economía española (Programa FEDER-INNTERCONECTA).
2. Orden ECC/2514/2012, de 26 de septiembre, por la que se modifica la Orden CIN/1862/2009, de 7 de julio, por la que se establecen las bases reguladoras para la concesión de ayudas públicas a la ciencia y tecnología en la línea instrumental de actuación de infraestructuras científico-tecnológicas, del Plan Nacional de Investigación Científica, Desarrollo e Innovación Tecnológica, 2008-2011 y se efectúa la convocatoria correspondiente a 2009 de ayudas para algunas de sus modalidades de actuación.
3. Orden PRE/917/2013, de 20 de mayo, por la que se establecen las bases reguladoras de las subvenciones destinadas a agrupaciones de productores para la realización de proyectos de investigación aplicada e innovación en los sectores vacuno, porcino, ovino, caprino, avícola y cunícola, y por la que se convocan las correspondientes al año 2013.

4. Orden ECC/1402/2013, de 22 de julio, por la que se aprueban las bases reguladoras para la concesión de ayudas en el marco del Programa Estatal de Promoción del Talento y su Empleabilidad del Plan Estatal de Investigación Científica y Técnica y de Innovación 2013-2016.
5. Orden ECC/1779/2013, de 30 de septiembre, por la que se aprueban las bases reguladoras para la concesión de ayudas públicas de varios subprogramas del Programa Estatal de Fomento de la Investigación Científica y Técnica de Excelencia, en el marco del Plan Estatal de Investigación Científica y Técnica y de Innovación 2013-2016.
6. Orden ECC/1780/2013, de 30 de septiembre, por la que se aprueban las bases reguladoras para la concesión de ayudas públicas del Programa Estatal de Investigación, Desarrollo e Innovación Orientada a los Retos de la Sociedad, en el marco del Plan Estatal de Investigación Científica y Técnica y de Innovación 2013-2016.
7. Orden ECC/2098/2013, de 8 de noviembre, por la que se aprueban las bases reguladoras de la concesión de subvenciones del Instituto Nacional de Investigación y Tecnología Agraria y Alimentaria dentro del Programa Estatal de I+D+I Orientada a los Retos de la Sociedad y específicamente dentro del Reto de Seguridad y Calidad Alimentaria, Actividad Agraria Productiva y Sostenible, Sostenibilidad de los Recursos Naturales e Investigación Marina y Marítima en el marco del Plan Estatal de Investigación Científica y Técnica y de Innovación 2013-2016.
8. Orden ECC/2278/2013, de 26 de noviembre, por la que se aprueban las bases reguladoras de la concesión

de subvenciones del Instituto Nacional de Investigación y Tecnología Agraria y Alimentaria, dentro del Programa Estatal de Promoción del Talento y su Empleabilidad, en el marco del Plan Estatal de Investigación Científica y Técnica y de Innovación 2013-2016, para la formación de personal investigador en agroalimentación en los centros de investigación INIA-Comunidades Autónomas (FPI-INIA) y para la contratación de investigadores con grado de doctor en los centros de investigación agraria y alimentaria INIA-CCAA (DOC INIA).

9. Orden PRE/565/2014, de 10 de abril, por la que se modifica la Orden PRE/621/2008, de 7 de marzo, por la que se regulan las bases, el régimen de ayudas y la gestión de la línea instrumental de actuación de proyectos de I + D + i, en el marco del Plan Nacional de Investigación Científica, Desarrollo e Innovación Tecnológica, 2008-2011.
10. Orden ECC/758/2014, de 30 de abril, por la que se aprueban las bases reguladoras de la concesión de los Premios Nacionales de Investigación.
11. Orden ECC/965/2014, de 7 de mayo, por la que se modifica la Orden CIN/1559/2009, de 29 de mayo, por la que se establecen las bases reguladoras para la concesión de ayudas públicas a la ciencia y tecnología en la línea instrumental de articulación e internacionalización del sistema, enmarcada en el Plan Nacional de Investigación Científica, Desarrollo e Innovación Tecnológica, 2008-2011.
12. Orden ECC/1820/2014, de 26 de septiembre, por la que se modifica la Orden ECC/1402/2013, de 22 de julio, por la que se aprueban las bases reguladoras para la concesión de ayudas en el marco del Programa Esta-

tal de Promoción del Talento y su Empleabilidad del Plan Estatal de Investigación Científica y Técnica y de Innovación 2013-2016.

13. Orden ECC/2483/2014, de 23 de diciembre, por la que se modifican la Orden ECC/1402/2013, de 22 de julio, por la que se aprueban las bases reguladoras para la concesión de ayudas en el marco del Programa Estatal de Promoción del Talento y su Empleabilidad, del Plan Estatal de Investigación Científica y Técnica y de Innovación 2013-2016, y la Orden ECC/1780/2013, de 30 de septiembre, por la que se aprueban las bases reguladoras para la concesión de ayudas públicas del Programa Estatal de Investigación, Desarrollo e Innovación Orientada a los Retos de la Sociedad, en el marco del Plan Estatal de Investigación Científica y Técnica y de Innovación 2013-2016.
14. Orden ECC/2504/2014, de 30 de diciembre, por la que se regulan las condiciones, cuantías, modalidades de garantías, y el procedimiento para la concesión de la moratoria de las cuotas de amortización de préstamos concedidos a entidades promotoras de parques científicos y tecnológicos.
15. Orden ECC/873/2015, de 11 de mayo, por la que se aprueban las bases reguladoras de la concesión de subvenciones para el envío de datos estadísticos mediante ficheros XML al Instituto Nacional de Estadística, de las encuestas de ocupación en establecimientos turísticos.
16. Orden PRE/1173/2015, de 9 de junio, por la que se modifica la Orden PRE/917/2013, de 20 de mayo, por la que se establecen las bases reguladoras de las subvenciones destinadas a agrupaciones de productores para la realización de proyectos de investigación

aplicada e innovación en determinados sectores ganaderos, y por la que se convocan las correspondientes al año 2013.

17. Orden ECC/1333/2015, de 2 de julio, por la que se aprueban las bases reguladoras para la concesión de ayudas públicas del Programa Estatal de Liderazgo Empresarial en I+D+I, en el marco del Plan Estatal de Investigación Científica y Técnica y de Innovación 2013-2016.

I. Investigación e innovación

1. Orden ECC/1404/2013, de 28 de junio, por la que se modifica el anexo del Real Decreto 1716/2011, de 18 de noviembre, por el que se establecen los requisitos básicos de autorización y funcionamiento de los biobancos con fines de investigación biomédica y del tratamiento de las muestras biológicas de origen humano, y se regula el funcionamiento y organización del Registro Nacional de Biobancos para investigación biomédica.
2. Orden ECC/566/2015, de 20 de marzo, por la que se establecen los requisitos de capacitación que debe cumplir el personal que maneje animales utilizados, criados o suministrados con fines de experimentación y otros fines científicos, incluyendo la docencia.
3. Orden ECC/1087/2015, de 5 de junio, por la que se regula la obtención del sello de Pequeña y Mediana Empresa Innovadora y se crea y regula el Registro de la Pequeña y Mediana Empresa Innovadora.

J. Comercio

1. Orden ECC/705/2013, de 26 de abril, por la que se actualiza el anexo I.1 del Reglamento de control del comercio exterior de material de defensa, de otro material y de productos y tecnologías de doble uso, aprobado por el Real Decreto 2061/2008, de 12 de diciembre.
2. Orden ECC/1936/2014, de 16 de octubre, por la que se dictan normas de control e inspección en la importación de productos ecológicos procedentes de terceros países.
3. Orden PRE/2167/2014, de 11 de noviembre, por la que se crea y regula la composición y funcionamiento del Punto Nacional de Contacto para la puesta en práctica de las Líneas Directrices de la Organización para la Cooperación y el Desarrollo Económicos para empresas multinacionales.

K. Seguros

1. Real Decreto 681/2014, de 1 de agosto, por el que se modifica el Reglamento de planes y fondos de pensiones, aprobado por Real Decreto 304/2004, de 20 de febrero, el Reglamento sobre la instrumentación de los compromisos por pensiones de las empresas con los trabajadores y beneficiarios, aprobado por Real Decreto 1588/1999, de 15 de octubre, el Reglamento de Ordenación y Supervisión de los Seguros Privados, aprobado por Real Decreto 2486/1998, de 20 de noviembre, y el Real Decreto 764/2010, de 11 de junio, por el que se desarrolla la Ley 26/2006, de 17 de julio, de media-

ción de seguros y reaseguros privados en materia de información estadístico-contable y del negocio, y de competencia profesional.

2. Real Decreto 128/2015, de 27 de febrero, por el que se modifica el Reglamento de Ordenación y Supervisión de los Seguros Privados, aprobado por Real Decreto 2486/1998, de 20 de noviembre, en materia de tipo de interés aplicable para el cálculo de la provisión de seguros de vida.
3. Orden ECC/335/2012, de 22 de febrero, por la que se modifica la Orden EHA/339/2007, de 16 de febrero, por la que se desarrollan determinados preceptos de la normativa reguladora de los seguros privados.
4. Orden ECC/548/2012, de 15 de marzo, por la que se establece el sistema de reaseguro a cargo del Consorcio de Seguros para el Plan de Seguros Agrarios Combinados del ejercicio 2012. (Derogada por Orden ECC/530/2013, de 21 de marzo.)
5. Orden ECC/2150/2012, de 28 de septiembre, por la que se modifica la Orden EHA/339/2007, de 16 de febrero, por la que se desarrollan determinados preceptos de la normativa reguladora de los seguros privados.
6. Orden ECC/530/2013, de 21 de marzo, por la que se establece el sistema de reaseguro a cargo del Consorcio de Compensación de Seguros para el Plan de Seguros Agrarios Combinados del ejercicio 2013. (Derogada por Orden ECC/1391/2014, de 25 de junio.)
7. Orden ECC/1391/2014, de 25 de junio, por la que se establece el sistema de reaseguro a cargo del Consorcio de Compensación de Seguros para el Plan de seguros Agrarios Combinados del ejercicio 2014. (Derogada por Orden ECC/1022/2015, de 20 de mayo.)

8. Orden ECC/2329/2014, de 12 de diciembre, por la que se regula el cálculo de la rentabilidad esperada de las operaciones de seguro de vida.
9. Orden ECC/1022/2015, de 20 de mayo, por la que se establece el sistema de reaseguro a cargo del Consorcio de Compensación de Seguros para el Plan de Seguros Agrarios Combinados del ejercicio 2015.

INDICE ONOMÁSTICO